新版 わたしは学童保育指導員

河野伸枝 著

高文研

もくじ

第Ⅱ章　学童保育指導員の仕事

第III章　学童の年間行事

第Ⅳ章 〈実践編〉子どもの心に寄り添い、親を支えて

第Ⅴ章　働きながらの子育てを支え励ます

第VI章　障がいのある子どもを受け入れる

イラスト＝本田　清美

はじめに

――プレハブからスタートした原市場学童保育

私の勤務する埼玉県飯能《はんのう》市にある原市場学童保育「かたくりクラブ」は、周りを山林に囲まれ、近くに清流が流れる、豊かな自然に恵まれた所にあります。放課後になると、校庭を挟んで学校の真向かいにある学童に、一年生から六年生まで五五名の子どもたちが、ランドセルをカタカタ揺らしながら「ただいま～」と帰ってきます。

五五名の中に五名の障がいのある子どももいます。四名は同じ小学校の特別支援学級ですが、一人は養護学校が終わってから通学バスに乗って学童に帰ってきます。

正規指導員は、午前中から実務を含む一日勤務で、私と相棒の伊藤ちゃん（伊藤美知子さん）の二名です。ほかに非常勤指導員四名（うち障がいのある子どもの加配指導員一名）が子どもたちの保育のために午後から入ります。

子どもたちは、私のことを「コーノ」「コウノちゃん」「コーノせん」「キャサリン」など、それぞれに親愛の情を込めて愛称で呼びます。私は、呼び名の形式にはあまりこだわってはいないのですが、四月に入ったばかりの頃は「こうの先生」と呼んでいる子どももいます。しかし、毎日毎日生活を共に続ける関係性の中で呼び名が変わっていきます。だから、この愛称も

「場面」によっては、「ババア」と〝変換〟されることもあります。

学童は、家庭になり代る生活の場なので、子どもにとって学童保育指導員は学校の「先生」とは違い、一緒に生活する仲間の一人として、「近しい大人」という位置づけなのかもしれません。

でも、こんな学童保育の場ができたのは、今から一九年前の一九九〇年のことです。当時、私の住む原市場小学校区に学童保育はなく、働く親を持つ子どもたちが六名、放課後二〇分もバスに揺られて、となりの小学校区にある民設民営のどろんこ学童に通っていました。

その頃、近隣で、全国の幼い子どもを持つ親たちを震撼させた幼女誘拐殺人事件が連続して起こりました。犠牲となったその中の一人は、原市場小学校の児童で、働く親を持つ留守家庭児童でした。その女の子は、学童の子どもがふだんバスを待つバス停の通りで連れ去られました。

飯能第一小学校区のどろんこ学童に通わせていた、働きながら子育てをする数人の保護者が中心になって、子どもたちの安全と安心を求めて、原市場学童のつくり運動が始まりました。ときを同じくして、原市場に越して来て保育士を希望していた私は、市役所ですすめられ、学童保育のつくり運動に加わりました。

親たちは、仕事の合間に土地探しや空き家を探して歩き回ったり、夜は資金繰りの話し合いを何度も重ねました。市に何度も足を運びましたが、当時は学童保育の施策も不十分な上に、働きながら子育てをする親への風あたりもまだ強いものがありました。自力で施設を作るしか策はなく、運営のための補助金もわずかでした。

つくり運動を始めた親たちと指導員がお金を出し合い、県や市の学童保育連絡協議会から援助していただきながら、三〇〇万の借金をして、やっと一九九〇年四月、新一年生の受け入れの前日に、民設民営の小さなプレハブの原市場学童保育が誕生したのでした。

原市場学童保育「かたくりクラブ」の開所式は、子どもたちと手作りのサンドイッチを準備して、保護者と指導員と子どもたちとで、小さなプレハブの中でささやかに行われました。当時四年生だったタカちゃんが子ども代表で挨拶をしました。

「僕は、今まで毎日バスで、どろんこ学童に通っていました。バスで寝すごしてしまい、遠くまで行ったことが何度かありました。学校の近くに学童保育ができてうれしいです。僕たちのために学童保育をつくってくださった皆さん、ありがとうございました」

私は、タカちゃんの言葉に胸が熱くなりました。このときの、わが子を守ろうと必死だった親たちの姿や子どもたちの喜びの姿に、「働く親を持つ子どもたちを守り続けていこう」と、改めて決意した日となりました。タカちゃんの言葉は、私の指導員としての原点です。
この日をスタートに、ガスも水道も通っていない空き箱のようなプレハブに、子どもたちは水筒持参でやって来るようになりました。指導員は、子どもたちが寒くないようにと、じゅうたんと、おやつを食べたり宿題をするテーブル、手洗い用の水を家から運ぶ日々でした。
何もないところに何かを生み出すことは並大抵なことではありません。施策も不十分で補助金もわずか、借金を抱えて運営していくというお先真っ暗、不安を抱えたままの船出でしたが、小さなプレハブは子どもたちの〝お城〟でした。

船出してからも、保護者会運営という不安定な状況の中、施設の問題、補助金や児童数の変動で何度も運営の危機を乗り越えなければなりませんでした。しかし、保護者と指導員はそれぞれの立場の違いはあっても「子どもを守り続けよう」ということでの願いは同じでした。子育てと運営の傍ら、保護者と指導員は共に手を携えながら、子どもたちが健やかに育つために学童の必要性と安全で安心できる環境作りを、行政へも絶えず働きかけ続けてきました。

このように、学童保育ははじめから制度があったわけではありません。何もないところから親たちのわが子への愛情と責任で学童保育をつくり、その後も、保護者と指導員を中心とした粘り強い地道な運動や行政への働きかけを重ねながら一九九八年、学童保育は法制化を実現しました。

また、二〇〇八年二月、政府は「新待機児童ゼロ作戦」で学童保育の利用児童を「一〇年間で三倍にする」「質の高い放課後児童クラブ（学童保育）を推進する」という目標をたてました。「働く親を持つ子どもたちには学童保育を！」という願いが、やっと社会や政府を動かすまでになってきたのです。

第Ⅰ章

学童保育の日々・子どもたちの一日

1 四月、出会いのとき

❖不安と緊張の第一日

私の学童では、春休み中の四月一日から一年生の受け入れとなります。人と人が出会って、いきなり心をつなぎ合えるわけではありません。指導員もいくら経験があるといっても、四月の新しい出会いには緊張します。高学年の子どもたちが私に、

「ちょっと〜コーノ〜、私たちにかける声と、一年生にかける声が違いすぎじゃない？」

と横目で睨み、

「あなたたちが一年生のときもそうだったよ」

と答えると、

「ええ〜そうお？」

と疑いと嫉妬の目を向けてきます。指導員も、はじめて会う子どもや保護者に話しかけるときには緊張のため、知らず知らず声が上ずっているようです。

指導員だけでなく、上級生の子どもたちもちょっと様子が違うのです。高学年男子は高窓を

出入りして、「どーだ！」とばかりに、「おい、一年坊主、こっちへくんなー」と新しい仲間を威嚇してみたり（こんな行動は今までしたことがない）、いつもはマイペースでフラフラとさまよっている二年生ゆきちゃんが、「この人は私のもの」と言わんばかりに、指導員の腕にべったりとしがみついて離れなかったりするのです。

お母さんと一緒にやって来た一年生も、お母さんと離れがたく、手をつないだまま室内をぐるぐる歩き回ったり、お母さんも何度も何度もわが子を振り返りながら仕事に向かいます。新しい風の吹く四月、はじめての出会いは指導員も保護者も子どもたちも不安と緊張につつまれ、おっかなびっくりの関係からのスタートです。

❖夕方になると不安で泣き出すマサヤ

入所初日、指導員からの話しかけにニコニコ顔で答え、上級生に誘われるままに校庭でバトミントンをして楽しそうに過ごしていたかに見えたマサヤでした。入所二日目のおやつをすませ、片づけが終わると突然、大きな声で泣き出しました。

「お母さんが迎えに来るって言ったのに来ないー、お母さんに会いたいよー。お母さんに電話してー」

マサヤをなだめ、うそっ子の電話をして、

「お母さんは、早めに迎えに来るって言ったよ、お母さんが待っててねって言ってたよ」

と声をかけると、

「もう、がまんできないよー」

マサヤの気を紛らすために外に連れ出し、ぽちぽち咲き始めた校庭の桜の木の下を手をつないで歩きながら、お母さんの迎えを待ちました。次の日も指導員の後をついて離れず、私がトイレに入ったときでもドアにぴったりついて待っているほどでした。

マサヤと同じ靴を履いている子どもが、うっかり間違えてマサヤの靴を履こうとすると、

「あ〜、それは僕の〜」

と泣きそうに大声で叫びました。

私たち指導員は、そんなマサヤの不安と緊張をほぐせるように、マサヤの興味のもてる遊びを提供したり、「これを作ってみたい」というマサヤの要求を受け止めながら接点を模索しました。

夕方になると決まって泣き出すマサヤのことを気にして、二年生のショウが、

「ねえ、どうしてあの子は泣いてるの?」

と聞いてきました。私が、

「マサヤは、友だちがお迎えで帰って行くのを見てたら、お母さんを思い出してさびしく

なったんだって。ショウも一年生のとき、そんなことがなかった?」

「うーん、わかんない」

と答えながらも、いつのまにかショウはマサヤの傍らで写し絵の色塗りを手伝っていました。ショウは、同じ保育所からの友だちがいない中に入ってきた一年前を思い出し、マサヤの寂しさを感じ取ったのかもしれません。二年生のユッピ(ユッピの詳しい話は25頁〜)も泣いているマサヤを見つめながら、私に語りかけるのです。

「僕も一年生の最初の頃、学童に来るのがいやだったよ」

「そうそう、ユッピも、学校も学童も行きたくないって家の植木を蹴飛ばして、植木に当り散らしながら学校に出かけるって、お母さんが心配してFAXくれたことがあったっけね」

と話すと、へへっとはずかしそうに首をすくめてテレ笑いした後、ユッピはビー玉ラリーを作り始めました。夕方、やっと完成したビー玉ラリーをマサヤに差し出して、

「これで遊んでもいいよ。ほら、ジャンプもするんだよ」

マサヤを何とか励ましたいというユッピの精いっぱいの思いでした。マサヤは恐る恐る手を伸ばし、ビー玉ラリーをユッピから受け取りました。こうして、マサヤは周りとつながりながら緊張や不安をほどいていきました。

毎日のように夕方五時になると泣いていたマサヤが一カ月後、夕方五時になると、私の前に

仁王立ちして、

「おい、コーノ、そろそろ泣く時間だぞ！」

にやりと笑うのです。

「ええ〜、それはコーノじゃなくて、マサヤでしょ！」

「へへっ」

マサヤは、一カ月前の自分の姿を笑いのネタにできるほどの余裕をみせたのでした。そして、迎えに来た他のお母さんにパンチしてちょっかいを出したり、高学年女子たちのボール遊びの邪魔をしたりして、やんちゃぶりを発揮し始めたのでした。

2 子どもたちが帰ってきた！

❖ランドセルの中は、聞いてほしいことがいっぱい

学校の帰りのチャイムが鳴ると、子どもたちがランドセルを揺らし、ドヤドヤと学童に帰ってきます。子どもたちの「ただいま〜」が学童の生活のはじまりです。指導員は、そんなひとり一人の顔を見て、健康状態や表情をチェックしながら、「おかえり」と声をかけます。雨の

日にはランドセルを濡らしてくるのでタオルを準備して、ひとり一人のランドセルや通学帽子のしずくをふき取りながら、「おかえり。今日は寒かったね」と声をかけます。

指導員はまず、帰ってきた子どもたちの出席をとり、出欠の確認をします。連絡なしで欠席している子どもは、所在を確認します。途中で事故や事件に巻き込まれているかもしれないからです。また、欠席がちな子どもにも連絡をし、欠席の理由やどう過ごしているのかを聴きます。もし、来られない理由が、学童でのトラブルや人間関係にあればその対応を考える必要があるからです。

子どもたちの「ただいま～」の表情には、その日そのときの子どもたちひとり一人の体調や気分・感情が映し出されます。子どもたちは、背中でカタカタ揺れるランドセルの中に、悲しみや怒り、不安やさびしさ、聞いてもらいたいことをぎっしり詰め込んで帰って来るのです。

❖マリアの胸にしまいこんだ涙

幼い頃から雑誌モデルやテレビタレントとして活躍しているマリアの「ただいま～」が、ときにうつむきがちなことがありました。

「マリア、何か嫌なことがあったんじゃないの？」

私が声をかけると、マリアは私を見つめたまま、大きな目にはみるみる涙が溢れ出しました。

「悲しいことがあったんだね。ほら、学童に帰ってきたんだからもう大丈夫！　泣きたいときは我慢しないで思いきり泣いちゃっていいよ。コーノがついてるから大丈夫！」

抱きしめると、私に寄りかかり、マリアはグシュグシュ泣き続けました。外国人の父を持つ彼女は、髪が明るい色で可愛らしく、ひときわ目をひく存在なので、学校で友だちにふざけてからかわれたことが想像できました。でも、心根のやさしいマリアは人の悪口になるようなことを自分から言い出そうとしませんでした。

私は、やたら根掘り葉掘り聞き出すことはせず、泣き続けるマリアをただそっと抱きしめていました。マリアは気のすむまで涙を流した後、自分からすっくと立ち上がり、

「もう、大丈夫！　ありがと……」

と、友だちとの遊びの輪に加わって行くのでした。

大人の華やかな世界で仕事をしているマリアですが、学童に帰ってきたときは、こんなふうにネガティブなことも投げ出し、仲間と泥んこになって遊んだり、基地作りに夢中になりました。マリアにとっての学童の生活は、子ども心を取り戻す大切な時間でもありました。

❖「ただいま」の代わりが「うっせー、ババア！」

ときに指導員の「おかえり」の声かけに「ただいま」の代わりがグーパンチだったり、いき

なり「うっせー、ババア！」だったりすることもあります。ランドセルをロッカーに叩き込んで、周りの玩具を蹴散らし、怒りを体いっぱい放出させる子どももいます。カズッチ（カズッチの詳しい話は107頁～）の「ただいま」の代わりは「死ねー！」でした。

家庭や学校でのムカツキ、納得いかないことや苛立ちを引きずって学童に帰って来る子どもたちもいます。興奮しているときは、そっと見守りながら様子をうかがい、落ち着いた頃を見計らって本人から聴き取ることや、同じクラスの子どもに学校での様子を聴きます。子どもの荒れる言動の背景には必ず「抱えている思い」があるので、内面を知ろうとする指導員の姿勢と、ていねいなかかわりが大切です。

❖「ねえ、聞いて、聞いてよ～」

高学年のハルピは、学校から帰って来るなりランドセルを片づける時間も惜しんで、かばんを背負ったまま私の腕にしがみつき、

「ねえねえ、ちょっと、聞いてよ～学校でサー」

いっときも我慢できない！　というように、早口でしゃべりまくるのです。

「クラスにはだいたい情報やがいてサー、その話にのれないと『はあ？　そんなことも知らないの？』ってなるからさ、知ってるフリしたりね。人の悪口が飛び交うと、私はそうは思っ

てないと思ってても『だよねー』って言うしかない。四年まではみんな友だちだって思えたけど、五年になったら、急に友だちづくりが大変なんだよ～。例えばね、例えばね……」

高学年女子の複雑な友だち事情を語り続けるハルピです。

3 子どもの健康を守る

❖抱きかかえてわかったハジメくんの熱

指導員はふだんから子どもたちの表情や行動に変化がないか、体調に気を配りながら、「汗をかいてるから着替える？」「日が暮れて冷え込むから一枚着たら？」などと声をかけます。とくに夏場は、子どもたちが遊びに夢中になりがちなので、遊びの合間に麦茶タイムを設けて熱中症対策をします。

室内で遊んでいたハジメくんが校庭に出たかと思ったら、わざわざみんながドッジボールをしているコートの真ん中に行き、縄跳びを始めました。他の子どもたちが、

「おーい、そこは危ないから、縄跳びは向こうでやって！」

「おい！　邪魔だよー」

と声をかけてもかたくなに、

「うるせー」

と縄跳びを続けていました。

私がふだんと様子の違うハジメくんを抱きかかえると、体が熱かったので、熱があることに気づいたのです。ハジメくん本人も熱があることには全く気づいていませんでした。

子どもは、自分が具合が悪いことに気づかないこともあるので、ぐずったり、ふだんとは動きが違うときには体に触れ、熱がないかどうかを確認します。「頭が痛い」「おなかが痛い」という症状にも心のダメージが表れていることがあります。

怪我の痛さも、自分で転んだ痛みと人から受けた痛みでは違います。安全・健康を守るためには、心と体をつないで考える必要があります。安全・健康を保障すること一つとっても、指導員がひとり一人の子どもをわかっていることが大切です。

また、子どもが、具合が悪くなったときや困ったときに、すぐに言いに来れるような関係をふだんからつくっておくことも大事です。

❖嘔吐を繰り返すユッピ

ユッピの母親は、近所とのトラブルで精神的にふさぎこみ、子育ても自分の幼少時と重ねてしまい、子どもにつらくあたってしまう自分を一人で悶々と悩んだあげく、市役所に電話して、「学童に預けて働いたほうがいい」と言われたと、入所してきました。

ユッピが生まれてからはじめてお母さんが社会復帰することになり、生活の変化に戸惑っているユッピは、学童で熱が出ても、「お母さんには電話しないで。お母さんは仕事だから」と働くお母さんを気遣っていました。ユッピもなかなか心を開いてくれず、指導員の遊びの誘いには「いい！」とかたくなに拒み続けていました。

そんなとき、慣れない仕事と人間関係に疲れ、体調を崩していたお母さんからＦＡＸが届きます。

《今日も、ユッピをお願いします。私の具合は順調ですが、今週中は毎日点滴に通います。なるたけ休み休み家事をしていますが、正直言ってしんどいです。ユッピも「お母さんは家にいるのに、何で僕は学童なの？」と理解してもらえず、怒って泣いています。今朝も植木に八つ当たりして学校へ行きました。昨日も学校の帰りにバスを降りそこなって先まで行ったらしく、家に帰り着くなりベソをかいていました。あげくは「お母さんは僕のことがきらいなんだ」です。なるべく早く迎えに行きます。それまで、どうかお願いします。ユッピに泣かれるのがつらいです。》

そんなユッピも二カ月後にはやっと、

「コーノー、宿題をやるから教えてよー」

と声をかけてくれるようになりました。そんな折、

「あれっ？　ユッピはまたトイレ？」

と思うと、真っ青な顔でトイレから出てくるのです。

「具合が悪いんじゃないの？」（気持ち悪くて吐いていた）「風邪をひいたのかな？」と思っていましたが、しばらくたつと、またそんなことが重なるので気になっていました。

ユッピの行動を追っていると、やがてそのナゾが解けました。夏休み中のお昼寝時に、ユッピのタオルケットを他の子が気づかずに踏んでいるのを声も出さず、必死の形相で引っ張っていた場面の後に吐いていたのです。心因性の嘔吐であることがわかりました。

「ユッピ、さっきタオルケットをとられそうだと思って嫌だったの？　でも相手に言えなくて嫌な気持ちだけが残ってるんじゃないの？」

とたずねると、ユッピは目を潤ませて何度も瞬きしながらうなずいていました。再び嘔吐があったとき、ゆっくり話を聴いていくと、「朝、通学班で学校に行くとき、隣に並んでいる子がくっつき虫（草の実）を何度も投げつけられて、それが嫌だった」という理由だったこともわかりました。

心のダメージが直接、体のダメージにつながる繊細さと、嫌だということを相手に直接伝え

られないユッピ。

「ユッピ、嫌なことや納得いかないことってたくさんあるし、一人で解決できないことってたくさんあるからね。一人でがまんしなくてもいいからね。コーノに何でも話していいんだよ」

と伝え続けました。お母さんもまた繊細な人で、ユッピが周りの子より痩せているから「うちの食事が悪いんだろうか？」と悩み、ユッピが太ってくると、またそれが悩みの種になるのです。

お迎えのたびに泣きながら、

「コーノせん、聞いてー！」

と近所づき合いや職場での人間関係など、抱えきれない苛立ちや不満や心配を投げ出してきました。私もユッピの学童での気になる嘔吐のことを伝えながらも、

「ユッピは優しいとこがいっぱいあるから、私はユッピに癒されるんだよ」

と話すと、

「そうなんだよねー、ユッピって優しいんだよねー、コーノせんに話せたことで、帰ったら笑顔で子どもたちと向かい合える」

とお母さんの泣き顔が笑顔に変わって帰って行くのでした。その日もユッピが学童で吐いて

いたことを伝えた後に、お母さんからＦＡＸが届きました。

《いよいよ学童祭りですね、晴れるといいのですが。今回、ユッピを追い詰めたのは私でした。最近太りだし、先日の運動会も五位という結果になり、手遅れになる前にと思い、先日から腹筋を始めさせました。本人は筋金入りの運動嫌いだったのを思い出して、彼の精いっぱいの抵抗を感じました。先日「お母さんとおそろいだね」と言われました。「何が？」「えっ、おなかだよ」とユッピ。全く世話のやけるヤツです。あまりに似ていて何も言えない。母》

お母さんの一生懸命さがユッピの縛りになっていたり、葛藤の中でいろいろあるのですが、

「お母さんの気持ちはわかるよ。子どもに良かれと思ってしたことが逆に追い詰めていることって、私にもよくあるんだよねー。抵抗できるユッピが偉いねー」

お母さんも子育ての緊張がほぐれるにつれ、

「また、やっちゃったよー」

と笑い飛ばせるようになっていったのでした。

ユッピも学童での友だち関係の広がりと共に、自分の思いを相手に伝えられるようになると、心因性の嘔吐が次第に見られなくなりました。この間、四年の月日を要しました。この頃になると、ユッピの表情は明るく、

「僕ね、このごろいいことばっかりあるんだよ。コーノに幸せのおすそ分けができないこと

が残念だけどね……」

が口癖になりました。指導員が、ふだんの子ども一人ひとりのことをわかって、気配り・目配りをしなければ、安全・健康を保障するということに結びつかないのです。

❖我慢を溜め込んでいたアズ

一年生のアズは、入所初日からハイテンションでバイトのお兄さんのナミケンにグーパンチやアッカンベーの攻撃ではじけていました。同じ学年のナルやアカリと一緒にベッドの下に基地を作ったり、誘い誘われの横のつながりができてきたなと思っていました。が、遊びが盛り上がってきた頃に、お姉ちゃんのお迎えでしぶしぶ心を残して帰って行くのでした。

そんな一カ月が経ち、連休の合間、学校から帰って来たアズの表情が暗く、顔色も冴えないのです。自分からは言ってこないので、私の方から、

「アズ、具合が悪いんじゃないの?」

と声をかけるとうなずいて、

「気持ち悪い……」

学校では、先生にも言えずに我慢していたらしいのです。ベッドに横にさせて、

「我慢してたの? つらかったね。学童でゆっくりしていればいいよ」

と声をかけると、ほっとしたようにうなずきました。
おやつのときに声をかけると、おやつのホットケーキをお代わりして食べるほど回復してい
ました。ベッドに戻ったものの、自分から這い出して来て遊び始めたのですが、しばらくして
アズの方から、「胸が痛い……」と言ってきました。アズを膝に抱っこして、
「ここら辺が痛いの？」
と体に触れると、
「うん……」
「アズ、もしかして、今日は学校に行くのが嫌だったの？」
と声をかけると、ためらいながら、
「うん……」
とこっくりうなずきました。いろんな我慢を溜め込んで体の調子が悪くなったのでした。
「アズ、いやだなーって思うことは口に出しちゃっていいんだよ。コーノは、アズのお話を
いっぱい聴くからね。何でもお話ししてよ」
二人でしばらく話しました。はじけて元気に振舞っていたアズの心の内に秘めた不安が見え
てきたように思いました。その日のお母さんへの連絡帳にアズの様子と「学童では、なるべく
アズが我慢しないで安心して自分を出せるように気を配っていこうと思います」と書いて渡し

ました。

アズのお母さんからの連絡帳の返事には、「連絡ありがとうございます。とってもうれしかったでーす」と書かれていて、実は自分の仕事も忙しく、お姉ちゃんの時間に合わせてのお迎えで、アズが振り回されてしまっていたことに気づいたこと、こうしてアズの様子を伝えてもらえるとありがたく、うれしいと書かれてありました。

その後のアズは、数日間、遊びが途切れると「足が痛い」と言ってくることがありましたが、一緒に遊んだりおしゃべりしたりして安心すると、足の痛みはいつのまにかどっかへいってしまうのでした。心の在りようが体に表れることもあります。

4 宿題・おやつ

❖宿題はその子どもなりのペースで

働く親を持つ子どもたちは、家に帰ってから寝るまでの時間も慌しく過ごすので、宿題はなるべく学童ですませるように声をかけます。帰ってからすぐに始める子どももいますが、

「今まで学校で勉強をし続けていたんだから、もう〜ヤダ！　遊んだ後、夕方やるから！」

とくたびれ果てて宿題どころじゃないときもありますし、嫌なことがあって気がすすまないときもあるなど、その子どもなりのペースと見通しがあるので、子どもと声をかけ合います。夕方、入室して保護者のお迎えを待つ間の時間に、「ヤバイ！」と慌てながら宿題を取り出す子どももいます。

「ねえ、ここがわかんなーい」

「本読みをするから聞いて〜」

子どもたちの側で援助し、音読カードにサインをつけます。終わっていないなどは、保護者に伝えます。

❖一息ついてみんなで和むおやつの時間

おやつは、子どもにとって楽しみな時間です。学童に帰って来るときに、

「今日のおやつは蒸しパンでしょ？　校庭で匂いがしてたからわかったよ！」

と駆け込んで来る子どもがいたり、「ただいま」より先に、

「今日のおやつは何？」

から始まる子どももいるほどです。

活動的で成長真っただ中の子どもたちなので、補食としての栄養を補う面からも必要ですし、

楽しみなおやつの時間。友達とおしゃべりしたり、これからの遊びを考えたりします。

働く親を持つ子どもたちの中には夕食までの時間が長い子どももいますから、おやつは必要です。

また、精神的にもほっと一息ついて友だちと語らいながら和むおやつの時間は、子どもたちにとって欠かせません。

子どもたちは、学校の帰りが早いときは、果物を洗うなどの手伝いをすることもあります。おやつ作りをしながら、学校での出来事を話してきたり、こげクズを拾って食べたり、鼻をくっつけて匂いをかいだり大騒ぎしながら手伝います。

人気のおやつは「みそポテト」「ココア揚げパン」「フルーツヨーグルト」「チョコバナナ」「クレープ」「お好み焼き」などです。夏は、なんと言っても「アイス」が人気ナンバーワンです。

学童の畑で収穫した夏野菜やお芋がおやつになったり、お散歩で採ってきた山菜（つくし、ノビル、ヨモギ、ふきのとう）や沢蟹のから揚げがおやつに添えられることがあります。

5 遊び

❖泥んこパンツ

放課後は勉強から解き放たれた時間で、一日の中で子どもたちがもっとも主体的に活動できる時間帯です。どの子にとっても魅力ある生活の場にするには、子どもたちの要求を探りながら遊びや行事・活動を工夫することが大切です。また、指導員は、子どもたちがやりたいことをやりたい人を選択しながら、主体的に遊びを展開できるように遊びに入りながら、配慮と援助をしながら見守ります。

子どもたちにとって、遊びは「心の栄養」と言われるくらい、遊びからエネルギーを生み出し、ときを忘れて遊びに興じます。大きなスコップとバケツを校庭に持ち出し、どこそこかまわず穴を掘っては土の塊をバケツに入れています。

「ねえ、見て見て！　ほら、恐竜の化石がこんなにいっぱいだよ」

暖かくなると子どもたちは毎日、校庭の砂場にスコップを持って集まります。

どんなに目を凝らして見てもただの土の塊なのですが、子どもの目はランランと輝き、恐竜の化石掘りで校庭がボコボコになったことがありました。土の上に腹這いになって蟻んこの行列を何時間も眺めていたり、子どもたちは、名もない遊び（楽しみ）をどんどん創りだしていくのです。

この前、小学校の先生たちが砂場の整地をしていましたが、砂場から掘り出された男子用パンツを学童に持ってきました。

「これは、学童の子どものパンツじゃないですか？　こんなことは学童の子ども以外考えられないんですけど……」

と砂場の泥の中から掘り出されたパンツを差し出しました。ここは「失敬な！」と言いたいところですが、思い当たる節だらけなのです。砂場での「山作り」に水を流しているうちに「ダム作り」になり、「田んぼ」の稲作づくりに発展していく頃には全身泥んこになってしまっている子どももいます。「砂風呂……」と言いながら、泥んこの中に全身をうずめていたタケボーは、泥んこ風呂から出てくるときはスッパダカだったりしましたから。もしや……？

「ああー、きっと学童の子どもだと思います。申し訳ありません……」

学校の先生に丁重にお詫びとお礼を伝えて、泥んこパンツを受け取りました。

❖タケボーの大きな花マル

校庭でハッセーやマサキたちと野球をしていると、一年生のタケボーが、

「コーノー、ねえ、これを見てー！」

声をかけてきたので振り向くと、土の上に木の棒で描かれた大きな花マルでした。

「大きな花マルだねー、タケボーそのもの（存在）が花マルだよねー」

と言うと、近くにいた非常勤指導員マイさんが、

「そう、さっき、アイちゃんに玩具を貸してって言われたときに、ホントは自分でも使いたかったのに貸してあげてたタケボーは、花マルだねー」

と言いました。

「おやつの後に、折り紙で赤ちゃんのお人形を最後までがんばって完成したタケボーも花マルだしねー。タケボーは学童で花マルいっぱいだよねー」

と言葉を添えました。コーノとマイさんの言葉に満面の笑みだったタケボーが一瞬、顔を曇らせて、

「でも、僕ね、学校では字をキレイに書けなくちゃダメなんだ。家で宿題を一生懸命やって行っても学校ではバツなんだ……」

と言いながら、空中に大きな「×」を描きました。読み書きの苦手なタケボーが学力の評価で胸を痛めていることが伝わってきました。ホッピングを汗びっしょりで何度も何度もこけながらがんばっているタケボーに、

「タケボーはがんばるマンだね！」

と声をかけると、

「遊びはがんばるマンだけど、宿題はさぼりマンなんだ……」

と肩を落としました。

「タケボーの一生懸命は大きな花マルだよ。学童でタケボーは大きな花マルだから大丈夫！」

タケボーは、安心したようににっこりと笑って、次の遊びに向かって行きました。

学童の生活の中で、子どもたちが次に踏み出す心の励ましとなるような花マルをたくさん見

出していきたい、そう思えたタケボーの描く大きな花マルでした。

❖露天風呂「森の王様の部屋」

外のひさしの下に基地を作った、六年生のナギ、アヤ、ユリコ。これまでにも基地を作っていましたが、仲間内の憩いの場として作っていたので「勝手に開けないで！」「入ってこないで！」と閉鎖的な空気を漂わせていました。が、今回はちょっと違う。ユリコが学童のいたるところに呼び込みのチラシを貼り出しました。

《露天風呂があります！　無料です。誰でも来てね。場所は先生に聞いて！　露天風呂に入った人には、お土産に髪飾りもあるよ。誰でも来ていいよ。》

コーノや相棒の伊藤ちゃんも呼び込みのチラシを首にかけさせられて、気がつくと、チンドンやの役割にはめられていました。あのユリコ（ふだんは読書家）が、タオルで頬っかぶりして、みんなの前で椅子の上に立ち、大きな声で宣伝するなど、「みんな来てね～」の必死さが伝わってきました。

思い通り大盛況で、男女合わせてすでに五二名が露天風呂を利用しました。基地の外にある木の箱の中で、あったかいお湯の入った二リットルのペットボトルを二本抱きかかえるのです。肩に置いたりすると、肩こりを和らげる効能もあります。いつのまにか、従業員は六年生のナギ、アヤ、ユリコだけでなく、三年生のワカちゃんとアズが加わっていました。いつも周りと関わりを持ちたがらない佑ちゃんもくーちゃんも大喜び……。

ナオちゃんは、すっかり気に入ったようで常連客になりました。一年生のさっちゃんは、はじめは私に誘われるままに行ったのですが、お土産の髪飾りが気に入ったようで、二度目はみずからすすんで行きました。階段を下りるときに危なっかしい人には、そっと手を添えるユリコです。みんなの心を癒してくれたり、人と人をつないでくれる露天風呂です。

学童中、みんなで楽しみを共有したい、そんな思いの発信地になっているこの基地の名は「森の王様の部屋」。六年生の女子たちが、自分たちのことだけでなく、周りの人たちにも心を寄せてきたことを感じ、心の中まで温まりました。楽しい学童にしたいね！　高学年の意気込みが伝わってくる四月、いっそうにぎやかに遊びが繰り広げられていきます。

6　けんか

❖戦いごっこから本気のつかみ合いに

学童に帰って来ると、一年生の男子たちが戦いごっこを始めます。それは子猫がじゃれ合う

男性指導員のシマくんと体と体をぶつけ合っての戦いごっこ。投げ飛ばされても、飛びつく子どもたち。汗びっしょり、へとへとになるまで続きます。

ような光景です。最初は笑いながらじゃれ合っているのですが、まだ力加減がうまくいかなくて、次第に険しい表情に変わっていくこともあります。

一年生のヨシとユウマが戦いごっこをしているうちに、思わず力が加わって体の大きいユウマがヨシを一押しすると、小さい体のヨシが吹っ飛びました。ヨシは痛かったらしく、怒りで顔を赤くして本気で飛びかかっていきました。思いがけない突然のヨシの反応にユウマは、戸惑いながらも本気のつかみ合いになりました。

「ちび!」

「でぶ!」

泣きながら掴み合っている二人を引き離すと、興奮のおさまらないユウマは、どこにもやりようのない怒りをぶつけてきました。

「うっせえー、ババア！　あのチビがやってきたんだよー！　あのチビくそっ！」

「ユウマに悪気がなかったことはわかるよ。思いがけずヨシが怒ってきたから、ユウマはびっくりしたんだね。でも、ヨシは痛かったんだと思うよ。体が小さい人には、もっと力加減をする必要があるんだね。戦いごっこにはこんなこともありだよ！　悪気がなかったことはヨシもわかってくれるよ。大丈夫！」

ユウマの頭をくしゃくしゃっとなでて、すぐにおやつになりました。おやつで心とお腹が満たされた後、ユウマとヨシが二人でくっついてにこやかに話しこんでいました。

「あれっ？　仲直りしたの？」

「そうだよ！　なあー」

二人は肩まで組んで、顔を見合わせて、笑い合っていました。

最近になってタイチも戦いごっこに加わるようになりました。タイチは乱暴なことが苦手で、戦いごっこに近づこうとしなかったし、ビデオの戦いの場面すら苦手で怖がっていました。誰がすすめたわけでもないのに、みずから戦いごっこの中に入って手足を突き出し、体を投げ出し、もみくちゃになりながら笑い転げています。安心できる関係の中だからこそ、戯れもぶつかりも繰り広げられています。

▲ハッセーのお父さん（97頁〜）が引っ越して行く時、プレゼントしてくれたスピードタックスに学童中がハマッています（中央が著者）。

▶デザイナー真由ちゃんが広告と折り紙で作った服を着て（著者）、ファションショーのはじまり！

◀本棚の中は折り紙や工作、昆虫、恐竜などの本がいっぱい！　マンガ本を読んでのんびりする時間も子どもたちは大好きです。

7 学童の夕暮れ

❖「明日も学童で待っているよー！」

夕方の五時半から六時半までは仕事を終えた（中には仕事の合間）保護者のお迎えラッシュです。

私たち指導員は、ひとり一人に、

「○○ちゃ〜ん、お迎えだよ」

「お疲れさま」

と声をかけながら、忘れ物がないか確認し、保護者に配布物を渡し、連絡事項を伝えながら、その日の子どもの様子を伝えます。学童で怪我をしたときなどは、どういう状況で怪我に至ったのか、どんな対応をしたのかを、その日のうちに伝えます。

また相手が関わっている場合は双方に伝えます。子ども同士のトラブルは経過を追い、状況を把握した上で伝えることが大切です。何か問題が起きたときだけに伝えるというのではなく、愚痴や不満もこぼせる日常的なつながりを大切にしたいと思っています。

ふだんから明るいお母さんの表情が曇っていると、

「今日はいつもと違うよ、何かあったんじゃないの？」

と声をかけると、

「だってさー、聞いてよ〜」

と仕事先での愚痴をぶちまけながら、

「私の保育料も払わなくちゃね」

とひとしきりしゃべりこんでから、笑顔を取り戻して家路につくお母さん。

「コーノせん、ちょっといい？」

夫婦間の悩みを打ち明けるお母さん。母一人子一人で生活をしているお母さんが、

「先生、この頃子育てを投げ出したくなるんだよね。いつも怒ってばかりいる自分が嫌になって」

「一人でがんばりすぎなくて大丈夫、私たちがついてるよ」

と話すと、涙ぐむお母さん。

孫のお迎えを任されているお祖母ちゃんは、娘や息子のぶつけようのない愚痴をこぼします。

「お祖母ちゃん、ホントがんばってるね」

と声をかけると、

「学童の先生だけだよ、そう言ってくれるのは。ここ（学童）でやっと元気をもらえるよ」とにこやかに帰って行きます。日常的に子どもの様子を互いに伝え合う中で、働きながら子育てをしている保護者たちの生活の困難さや子育てのあせり、不安、いらだち、しんどさがひしと伝わってきます。子どもたちの思いが明日につながるように、

「また、明日も学童で待っているよー！」

笑顔で帰って行く姿を見送ると、やっと一日が終わります。

子どもが帰った後に戸締りをし、指導員同士でその日の子どもたちとの関わりで気になったことや、保護者との伝え合いを確認し合います。

しかし、それでも仕事は終わらないことがあります。忘れ物をした子どもや怪我をした子ども、トラブルがあって解決できないまま不機嫌に帰って行った子どもには、夜電話をかけて、学童から帰ったあとの家での様子を聞くこともあります。

8 学童保育の夏休みの生活

❖待ち遠しい夏休み

夏休みが近づくと「あと五日で夏休み!!」。待ち遠しい子どもたちがカウントを始めます。

「明日から夏休みだから、昼寝用のタオルケットと宿題とお弁当を持ってきてね～」

と伝えると、コタローが、

「ああ～今すぐ明日になってほしい～」

と指を絡ませてお祈りポーズ。ふだんはできない体験をしたり、学校生活を離れてたっぷりの開放感を味わえるとあって、ウキウキ気分です。

平日の放課後は、短い時間の中で追われるように過ごしていて、ゆったりするとか、じっくり遊ぶことのできない子どもたちもいます。でも夏休みは、子どもたちが長い時間（私の勤める学童保育では七時半から一九時までの一一時間半）を共に過ごすので、さまざまな体験活動を通して、子ども同士、指導員と子どもとの関わりがいっそう深まるときです。

❖夏休み・学童での生活

朝一番にやって来たコタローは、体より大きな背中のリュックからウクレレやデンデン太鼓や漫画本を引っ張り出して上機嫌です。お母さんが、「前の晩から家中の玩具をリュックに詰め込んでいたんですよ」と教えてくれました。

その一方で、寝ぼけまなこでやって来て、そのままベッドでスヤスヤ眠りこむ子、朝ごはんを頬張りながらやって来る子どももいます。夏休みに入ってすぐは、生活サイクルの違いに慣れずに落ち着きがない子どももいますが、一週間もすると、子どもたちが長い一日の生活のリズム（活動と休息）をつかめるようになります。

【学習時間】 朝の涼しいうちに学習時間を設けています。なかには、「オレは家で全部終わった！」と宿題を持って来てなかったのに、終わり頃になって、「ぜんぜんやってない！」とあわてふためく子どももいますから、進み具合など保護者と状況を確認し合います。

私の勤める学童保育の学習時間は九時から一〇時ですが、低学年は一時間も集中できないので、合間に麦茶を飲んだりする休憩時間をとります。終わった人は他の人の邪魔をしないように静かに本を読むなどして待ち、外遊びは学習時間を終えた一〇時からです。

【健康管理】 子どもたちは夢中になると、強い日差しの中で何時間も過ごしてしまったりしますから、外に出るときは帽子をかぶるよう声をかけたり、遊びの合間に水分を取るように声をかけるほか、朝や昼食時、おやつ時などに全体に向けて伝えます。

また、猛暑日が続くときには水遊びなどを取り入れて、涼しく過ごせる工夫をしたり、水分・塩分の補給ができるものや、のどごしのいいものをおやつに用意するなど、子どもの体調管理には十分な配慮をします。光化学スモッグ警報が発令されることも多くなりますので、外遊びや外出中の場合は子どもの体調の変化に十分注意します。

【休息（お昼休み）】 年齢や個人差があるので一斉に昼寝をする必要はありませんが、暑さの厳しい時間帯は、寝そべって体を休ませたり、静かに本を読むなど、心身を休ませることも必要です。

❖夏休み中の行事

夏休み中の行事は、そのときの天候や子どもたちの状況、指導員体制を考え合わせながら柔軟に実施します。「夏休みだからこそ」できる企画は、子どもにとっても楽しみの一つですが、あれもこれもと盛りだくさんでは子どもたちが疲れるので、子どもの負担にならないよう配慮した取り組みを行います。川遊びなどの水辺遊びやお出かけ保育は、天候の変化を十分に考慮して判断します。

※夏休み中のキャンプ、夏祭りなどは第Ⅲ章で紹介。

❖夏休み明けの学校生活に向けて

夏休みも終盤になると、「ああ～このままま時がとまってほしい～。永遠に夏休みでいてほしい～」。子どもたちのため息とともに、大人たちの、「だから、言ってたのに～」の声が聞こえてきます。毎年のことながら、宿題で大騒ぎです。

机にしがみついているサチは、私と目が合うなり言いました。

「ねえ、コーノー、私の宿題はあといくつぐらいあると思う？」

「ええっ？　四つか五つ？」

「ぜんぜん、そんなもんじゃないよ～。あと二三もあるんだよ～」

「あと一週間あるんだから、やるだけやってみよう！」

二学期が始まるまでの数日は、学校生活に向けて気持ちと体と生活時間を整えていく大切な時期です。楽しかった夏休みの生活が子どもたちの二学期のエネルギーに変わるようにと願いながら送り出します。

学校が始まってすぐには学校生活に溶け込めない子どももいるので、しばらくは細やかな配慮も必要です。

第Ⅱ章

学童保育指導員の仕事

❖学童保育の役割

学童保育の基本的な役割は、共働き、一人親家庭などの小学生の放課後の生活（土曜日や春・夏・冬休みなどの学校休業日はまる一日）を継続的に保障すること、そのことを通して親の働く権利と家庭の生活を守ることです。この学童保育の役割を具体的に果たすことが指導員の仕事です。

働いている親を持つ子どもたちに、どの子も安全で安心した生活を保障するために、指導員は心をくだきます。それぞれに違いを持つ子どもひとり一人が、どの子もかけがえのない存在として大切にされ、よりどころとなるような安らぎをもてる安心のある生活の場として関係をつなぐ仕事です。

また、学童保育でわが子が指導員や仲間の子どもたちとつながりながら楽しく生活できているという事実があってはじめて、保護者は安心して働き続けることができるわけですから、指導員は親に、学童での子どもたちの様子を伝えることも大切な仕事です。ひとり一人の子どもや親のことを理解し、思いに寄り添う努力をしつづけることが指導員に求められます。

❖学童保育は家庭になりかわる「生活の場」

学童に帰って来る子どもたちは、昼間保護者が働いているので、家に帰っても待っていてくれる人がいませんから、外で遊んでいて嫌なことがあったり、困ったことが起きても泣きつくところを持たない子どもたちです。「家に帰る」という選択肢を持たない子どもたちなのです。そんな子どもたちにとって、学童保育は単なる「遊び場（行き場所）」ではなく、家庭に代わる「生活の場」です。毎日学童に帰って来る子どもたちひとり一人の「ただいま」には、その日の心模様が映し出されます。家庭や学校での納得いかなかった思いを抱えて帰って来ることもありますし、中には困難な家庭事情を抱えている子どもたちもいます。子どもたちは、親の都合で学童保育に預けられるわけですから、学童保育が子どもたちひとり一人にとって、安心でき、拠り所となるような場所にしていかなくてはなりません。

おやつを食べたり、いろんな遊びや活動もしますが、疲れたときはのんびりと体と心を休めたり、指導員に甘えたり、一人でボーッとしたり、安らぎと心地よく過ごせる生活を保障しなければなりません。そのためには、自分を無理して取り繕わなくてもありのままの自分でいられるような安心できる（指導員や仲間との）関係が必要です。

指導員は、その場その時のひとり一人の子どもの思いや感情を受け止め、寄り添いながら、喜びや辛さに共感したり、ときには人として子どもと真剣に向き合う場面もくぐりながら信頼関係を築きます。また、それぞれに違いのある子どもたちが大勢で生活するので、ぶつかりやトラブルが起きることは当然ですが、子ども同士、仲間としての関係をつなぐために、それぞれの思いの橋渡しをするなどの関係つくりの援助や働きかけをします。指導員の、毎日の子どもや親への関わりや仕事内容が学童保育の生活づくりの質そのものです。

❖子どもを迎える準備

子どもたちが心も体も心地よく過ごせる生活の場を保障することが指導員の仕事ですが、そのために指導員はひとり一人違いを持つ子どもの理解を深め、その時どきの場面に応じた適切な判断と対応が求められます。だから、指導員が何の準備もないままの行き当たりばったりの保育では、保育の内容を充実させることはできません。子どもたちの安心できる生活をつくるために、指導員は子どもと過ごす時間だけでなく、子どもたちが学童保育に帰って来る前に、子どもたちを迎え入れるさまざまな実務を含めた保育の準備が必要となります。

私の学童では、正規指導員二名は、朝一〇時に出勤して子どもが帰って来るまでに環境整備や実務を含めた保育に必要な準備をします。私が指導員になった頃は一一時出勤でしたが、時間内に仕事が終わらず、学童通信や壁画づくりなど家に持ち帰る仕事も多く、保護者会（保護者会運営）に私たちの仕事内容を伝え、子どもが安全で安心できる生活をつくり出すために午前中の仕事の大切さを理解してもらい、一五年前、勤務時間を一〇時出勤にしてもらってきました。

①指導員同士の打ち合わせ、職員会議

指導員が複数で仕事をしていますから、学童保育での保育内容を全員で確認しておく必要があります。

やりたいこともそれぞれに違う子どもたちですから、活動範囲も広く、行動も流動的なので、一人の指導員が関わる場面や人数は限られています。自分が関わった子どものことだけを把握していればいいというのではなく、それぞれの指導員が関わった子どもたちの様子も知りながら、子どもひとり一人の状態・事実を共有し、全体を把握しておく必要があります。

一〇時に出勤して環境整備をした後、毎日、相棒の伊藤ちゃんと午前中打ち合わせをします。

①その日の保育の組み立て

②子どもの気になることや状況を報告し合い、全体の子どもたちの様子を共有し、関わりを検証

③仕事分担
④保護者との伝え合いの情報共有
⑤事務関係資料の確認
さらに定期的な打ち合わせとして、
■保育計画（週間、月間、年間）
■行事・取り組みの企画、準備
■指導員体制作り
■会計業務
■保育のまとめ（週間、月間、年間）
また、月に一、二回、非常勤指導員を含め、レジュメを準備して職員会議を行います。子どもの言動で気になったことや感じたこと、どう関わったか、今後どう関わっていけばいいのかを語りこみ、独りよがりな保育にならないために、子どもの変化や課題を押さえた上で、子どもの捉え方や対応のしかたも指導員同士で検証し合います。保護者との連絡・相談の内容なども職員間で確認します。

人と関わる仕事は一人では行き詰まることがありますから、指導員仲間と愚痴をこぼし合ったりもしますが、語り合いの中で、新たに気づかされ、自分の実践を振り返ることが多くあります。

②遊びや活動の準備

子どもたちは、それぞれにさまざまな興味と関心、欲求をもっています。どの子にとっても学童保育の生活が魅力的な場になるためには、さまざまな遊びと活動の選択肢を用意しておくことが必要です。子どもたちのやりたいことを探り、子どもたちの意見も取り上げながら、子どもたちが意欲的に取り組めるような遊びや活動を工夫し、準備する必要があります。


「恐竜事典はあの子が喜ぶだろうな」

「雨の日に楽しめる遊びは？」

「工作をするためのガムテープを準備しよう」

「そういえば地図の本を欲しがっていたな」

「外遊びのボールを補充しよう」

「一輪車が壊れているから修理しよう」


とひとり一人の顔を思い浮かべながら、子どもたちの興味・関心を引き出し、楽しみが膨らむように教材を準備したり、買出しに行くなどの準備をします。

戸外保育（お出かけ）は、事前に危険がないかどうかの下見しておくことが必要な場合もあります。安全を守るためには、地域環境・施設設備や指導員体制なども考慮する必要があります。

③子どもの健康・安全を守る

何はさておき、保護者の願いは、まずわが子が安全に過ごし、健康でいてくれることです。子どもたちが帰って来る前に、活動する室内や室外の清掃を行いながら、危険な箇所がないか、危険な物が置きっ放しになっていないか、釘が出ていないか、高いところに物が置いてないか（落下の危険）などの安全点検を行います。

また、子どもたちが犯罪の被害に遭う痛ましい事件が多発しています。子どもが学童保育に帰って来たときに出欠の確認は必ず必要です。途中で事故やトラブルもあります。休みがちの子どもには連絡をとります。学童でのトラブルを引きずったままでいるのかもしれません。また、保育中の子どもひとり一人の所在は絶えず把握しておく必要があります。

「安全・健康を保障する」ということも、実は指導員が突っ立って漫然と眺めているだけではできないことです。子どもは、大人の予想を遥かに超えた思いつきもしない行動に出ることもあります。衝動的な行動をとる子どももいます。

発達障がいのある子どもが、突然、学校での嫌なことを思い出してフラッシュバックし、いきなりバットでガラス窓をたたくこともありました。その子どものふだんの行動から想定して、事前に学童の窓ガラス全面に飛散防止フィルムを張り巡らしていたので怪我には至りませんでした。取り返しのつかない大きな事故につながらないように、危険な場所をふだんからチェックしたり危険なものを取り除いたりして、環境を整えます。ひとり一人の行動パターンを読みながら安全対策を図っておくことも大切です。

④おやつの準備

子どもが帰って来る前に、子どもたちのおやつを準備します。

おやつを準備する際は、「寒いときは温かいものを、暑いときは喉越しのいいものを」季節や天候、学校行事との兼ね合い、子どもたちの嗜好を取り入れながらなるべく手作りで準備します。アレルギーや持病を持つ子どもを事前に把握しておくことが不可欠です。

小児糖尿病を持つ子どもにはカロリー計算をして準備します。食品アレルギーの子どもには、食品の原料を確認し、アレルギー源を取り除いておくなど、どの子にとっても楽しいおやつになるような配慮が必要です。

四月、入所したばかりの一年生は学校で軽給食（パン、牛乳のみ）のときはハンバーガーやそぼろうどん、チキンサンドなどのボリュームのあるものを準備します。お腹をすかせて帰って来る子どものお腹と心を満たし、活力となるよう、工夫をしながら準備します。

⑤子どもを理解する

子どもを理解するためには、漫然と眺めるだけでは子どもの変化や心の動きを見逃してしまいます。子どもの言動で気になることを心に留めながら、子どもと向き合うことが大切です。とは言え、日常的には子どもの理解しがたい言動に振り回されることだらけです。指導員にも感情はありますから、表に見える子どもの言動に振り回されて、怒り心頭になることも、凹んだりすることも、感情的になることだってあります。

いったん感情的になったとしても、「ホントはあの子は何を言いたかったのだろう？」「あれは本音だったのだろうか？」「あの子のあのときの思いは何だったのだろう？」など、冷静に振り返ることが大切です。また、子どもの内面に踏み込んで思いや願いをていねいに聴きとることも大切です。目の前の子どもを指導員がどう捉えているかで、その後の言葉かけや関わりそのものも変わってきます。

子どもたちは、まだまだ未熟で自分の思いを言葉で十分表すことができませんから、表面に現れる言動だけでなく、内面を深く理解しようとする指導員の姿勢が求められます。

❖「本気で怒ってね！」

ナナが友だちの輪から離れ、私の前に走りこんできました。いつになく真剣な表情で私と真正面に向き合い、

「コーノに言いたいことがあるけど、言ってもいい？」

と大きな目で見据えて切り出しました。

「いいよ、言いたいことは何でも言っていいよ」

と答えると、まっすぐな視線をはずすことなく、

「ナナが悪いことをしたら、コーノはこれからもナナのことを本気で怒ってね。ホントに本気で……だよ！」

と念を押すように言いました。日頃からお互いに言いたいことを言い過ぎる（?）くらい出し合っていると思っていたナナの意外な言葉に、私は戸惑いを感じながらたずねました。

「そんな……ナナにわざわざお願いされなくたって、コーノは悪いことをしたら、これからもちゃんと怒るよ。どうしたの？　何かあったの？」

「いいの、いいの。何でもない。ちょっと言いたかっただけだから……」

それ以上の会話を打ち切るようにしながらも、ナナは安心したようにいつもの笑顔を取り戻し、友だちの輪の中に走り去って行きました。

「どうしてナナが突然、あんなことを言いだしたんだろう？」

私は、ずっと心に引っかかっていました。

その数日後、ナナのお父さんから家庭内で問題が起きていることを聞いたのです。私は、ナナが大人たちのただならぬ空気を感じ取り、混乱と不安の中で、「私を本気で怒ってね」と言いながら、「私を大事に守っていてね」と確かめずにいられなかったのだろうと気づきました。

ナナの言葉を思い出すたびに、私は、「懸命に生きようとしている子どもの願いをしっかり支えているだろうか」と自分に問い返すのです。

❖言いたいことがいっぱい

校庭で一年生のハジメくんが、オーノさん（非常勤指導員さん）に向かって、

「ばーか、死ねー、うざいんだよー」

大声で泣きじゃくり罵倒しながら、飛びかかり殴ったり蹴ったりの攻撃を向けていました。

オーノさんから引き離し、興奮状態のハジメくんを抱きかかえてしゃがみました。

「ハジメくんは何か嫌なことがあったんだね。今は話せないだろうけど、落ち着いてから話せたら話してね。話せるようになるまでコーノは待っているから大丈夫だよ」

ハジメくんは、私のひざに抱っこされたまましばらく泣きじゃくった後、話し始めました。

「だってね、あのね、僕ね、最初ユキちゃんと一緒に縄跳びをして遊んでいたらね、ユキちゃんがいつのまにか黙って抜けていって一人になったの。それでつまんなくなって縄跳びの縄をうんていに架けて遊んでいたら、オーノさんがそれはダメって縄をはずしてきたの……」

「そっか、ユキちゃんが抜けたことで一人でつまんなかったので、自分で気持ちを立て直して遊ぼうとしたのに、それをとがめられ、邪魔されたみたいな気持ちで嫌だったんだね……」

と共感すると、ハジメくんは続けて、

「だってね、だってね、あのね、僕ね、学童に来るとき、バスを降りるボタンを僕が押した

いのに、いつもナオくんが押すから、僕は押せないんだ」

「そっか、コーノからナオくんに、ハジメくんもたまには押したいみたいだよって伝えてみようか？」

「うん、だってね、だってね、僕は学校でもいつも怒られてばっかりなんだ。家でもお父さんに怒られてばっかりなんだ……」

「そっか、お父さんは一人でハジメくんを育てているから、仕事でへとへとに疲れちゃってるときとか、つい怒っちゃうんだよ。でもお父さんはハジメくんのことを大好きだよ」

ハジメくんは「だってね、だってね」をどこまでも繰り返しながら、これまで胸の中に抱え込んでいた思いのたけを話し続けました。一通りハジメくんの「だってね、だってね」をゆっくり聴きとった後に、

「オーノさんが縄跳びの縄をうんていからはずしたのは、縄がハジメくんの首や体に巻きついて苦しかったり怪我したりすることを心配してくれたんだと思うよ」

「わかった……僕はオーノさんに謝ってくるね」

と駆けて行き、謝りに行った後、オーノさんに抱っこされていました。

子どもたちは、言いたくても言えないことをたくさん抱えています。正論を聞き入れられないほどに心が満杯になっているときもあります。自分の言い分を聴いてもらえる安心感があっ

てはじめて、他者の思いを聞き入れることができ、他者理解につながります。子どもに伝えたいことがあるときは、まずは子どもの思いを聴きとることを大切にしたいと思っています。

⑥子どもの関係をつなぐ

子どもたちが安心して生活するためには、仲間と誘い・誘われのつながりがあってこそです。自分の思いを言葉として伝えられないことでトラブルもたびたび起こります。指導員は、ひとり一人の違いを押さえながら、それぞれの思いを言葉としてていねいに聴き取り、「思いの橋渡し」をしながら「関係をつなぐ」援助をします。

❖タケちゃんの〝ついてない日〟

日が暮れて、ハッセーを中心としたいつものメンバー六人がいつもの場所（靴箱前）で遊んでいるところを通りかかると、四年生のタケちゃんがハッセーにただならぬ勢いでつかみかかっていました。間に入って何とか二人を離そうとした二年生のユウマも、タケちゃんにすっ飛ばされました。私が間に入って、

「ほらほら、二人とも落ち着いて……」

と引き離し、興奮しているタケちゃんを他の場所に移動させて呼吸が整うまで黙って側にすわっていました。次第に落ちつきを取り戻したタケちゃんが空を見つめたままポツンとつぶやきました。

「オレさ、今日はぜんぜんついてない日だったんだ……」

「タケちゃんは今日、嫌なことがあったんだね。何があったかをコーノに話せる?」

「嫌なことがあったなんてもんじゃないよ。こんなことはコーノにしか話せないよ。他の誰にも聞かれたくないよ……」

指導員室で二人きりで聴くことにしました。

「オレさ、学校でオレの友だちだって思っていた人に普通に話しかけたときに、『うっせー、デーブ』っていきなり言われたんだよね。オレはすごくムカついたんだけど、その子は何もなかったように話しかけてきたけど、オレはアイツを許さない! と思ってる。心の中で絶交だと思ったんだ。だから、誰でもいいからぶん殴りたい気持ちだったんだ。コーノに止められなかったら、もっと周りの誰でもぶん殴っていたかもしれない……」

タケちゃんは、抑えられない気持ちを言葉にしました。

「そうか、学校で抱えていたタケちゃんのムカつきがハッセーのふとしたいつもの冗談も聞き流せずに、一番心を許しているハッセーに攻撃として向かっちゃったんだね。今、タケちゃんは後悔しているんだね」

「あ〜あ（深いため息と共に）、ハッセーとも絶交になっちゃうのかなー」

「そんなはずはないよ。ハッセーとは小さいときからこうしてケンカしてもずーっと仲直りを繰り返してきてるんだよ。ハッセーだって、タケちゃんは大事な存在だって思ってるに違いないよ。タケちゃんが学童に復帰するときに誰より一番喜んでいたのはハッセーだったんだから。タケちゃんの今の気持ちを話せばわかってくれるよ。自分で伝えるのが気まずいんだったら、コーノから伝えておこうか」

「うん、コーノ、ありがとね、オレの愚痴を聞いてくれて……」

タケちゃんは私に向かって、ちょこんと頭を下げました。そっと、ハッセーにタケちゃんとのやり取りを伝えると、何も言葉は返さず、深くうなずきながら聞いていました。タケちゃんの気持ちはハッセーに十分伝わったようでした。

タケちゃんが帰りの支度をして靴箱前に行くと、ハッセーが懐中電灯のライトを顔にあててお化けの真似をしておどけていました。タケちゃんとハッセーは笑顔を交わし、タケちゃんの方から、

「ハッセー、バイバーイ！」

と声をかけると、ハッセーが、

「あー、バイバイ、明日ね」

といつもと変わらない挨拶を返しました。このやり取りでタケちゃんの〝ついてない日〟の一日分がリセットできたのだろうと思いました。

いい日ばかりじゃない、ついてない日もある。楽しいことばかりでもない、怒りもムカつきも含めて、その日その日の感情を投げ出せて、受け止めてくれる仲間との関係が明日へ踏み出す原動力となります。

⑦保護者の相談

子どもがいない午前中、保護者が相談に来ることもあります。こちらがアドバイスするというより、ゆっくり相手の思いを聴きとることを大切にしています。思いをわかってもらえることが前に歩み出すエネルギーに変わると思うのです。

❖宿題にピリピリ神経を尖らすアーリ

五年生のアーリのお母さんが、この頃、アーリが朝になると吐き、過呼吸になり、学校に行き渋っているということで相談に来ました。夜中に急に「たすけてー！」と叫んで飛び起き、お母さんにしがみついて泣き叫び、過呼吸になることが頻繁にあるというのです。「眼球を蜂に刺される夢」「不幸になる手紙を担任に二枚渡された夢」「ゴミがどんどん増えて押しつぶされそうになる夢」などの悪夢にうなされていることなどです。

お母さんがうっかりテスト用紙を捨ててしまったら、テスト直しが宿題だったとのこと、「宿題を忘れたら担任の先生に目をつけられて大変なことになる。お母さんのせいだ！」と大声で泣き叫び、ベランダから飛び降りようとして、雨の中を親子でもみ合いになって、びしょ濡れでやっと室内に入れたことがあったほど、家でアーリが不安定な状況にあるので、どう関わっていいかわからないと涙ながらに話してくれました。

私も、先日、アーリが学童に帰って来て宿題をしているときに、側を通りかかった年下の子どもがアーリのテーブルにぶつかったことでいきなり殴りつけたので、指導員が止めに入ると、「私が、宿題ができなかったのは指導員のせいだ！」

と泣き叫んだことがあったほど、宿題のことにピリピリ神経を尖らせていることや、私に時折、学校の担任の先生に対する不満をこぼしていることを話しました。

お母さんは、担任の先生に伝えたいが、どうも受け止めてもらえそうにないので相談できないし、アーリ本人も担任の先生に話すことをこばんでいるのでどうしたらいいのかと、悩んでいました。

その後、家庭と学童でアーリのその場その時の思いを否定しないで、丁寧に聴き取っていくことを確認し合い、アーリの了解を得た上で私もお母さんと一緒に学校に行き、アーリの様子やお母さんの思いを学校に伝えました。

その後、学校もゆるやかに対応してくれることになり、アーリは安心して学校に通うようになりました。保護者の思いを聴きとることを大事にしながら、具体的にどんな援助ができるのかを探りながら対応します。

⑧保護者会

月に一回、夜に保護者会を行います。私の学童は保護者会運営なので、運営に関することや子どもたちの生活環境のこと、子育てのことなども話し合います。指導員からは、子どもたちの学童での様子を伝えます。学童の運営に関する問題は山積みであっても、保護者は子どもの話を聞けることが楽しみなようです。

「指導員や他の保護者の話を聞けるのが楽しみ」

「悩んでいるのが自分だけじゃないことがわかってよかった」

「わが子が他の大人と関わりながら育っていることがうれしい」……

子どもだけ家に残しておけないので、この日は保護者と一緒に学童に来て、子どもは隣の部屋で遊んでいます。夜の学童は魅力的なようで、保護者が、「今日は、仕事で疲れているから」と言っても、子どもたちが親を説得して連れて来るほどです。

「キャンプをどうしようか」の話し合いなどには、隣の部屋から子どもたちが聞きつけて飛び入り参加し、親子での話し合いになることもあります。特にお弁当付保護者会は、参加率アップです。保護者会や保護者行事を通して保護者同士のつながりが広がります。

学童現場でもよく「役員のなり手がなくて困っている」などという話を聞きます。確かに、保護者たちのきびしい労働実態や、困難を抱えた家庭も増えてきているので、足並みそろえてというわけにはいかないのですが、学童に入ったばかりのときには、「そんなめんどくさいことなんか、私はやらないからね！」と公言していたお母さんが、「私、なんでもするよ」と言い切り、役員になりましたし、「役員をするくらいだったら学童をやめる！」と言っていたお母さんが、今、保護者会会長です。

子どもが学童に安心して通っている事実と、「一緒に学童をつくっていこう」の思いを、指導員が諦めずに保護者に伝え続けることで保護者の意識が変わることもあります。

⑨学校・関係機関との連携

❖学校との連携

学校には、年度当初に学童保育に通う子どもたちの名簿を持って挨拶に行きます。学校からも年間予定表やクラス名簿、時間割をもらっておきます。学童の生活の流れをつくる上でも、学校の生活を知っておくことは大切です。ひとり一人の子どもについて、いつでも相談し合えるように学童の「通信」を渡し、学童保育での生活を伝えるようにします。

学校で怪我をしたり、具合が悪くなった子どもたちのことも担任の先生、保健室から連絡を受け、放課後、学童で様子を見ます。学童の生活は、家庭生活と学校生活の真ん中にあるので、連絡を取り合いながら子どもたちの生活をつなげます。

気になる子どもや問題が起きたときは、担任の先生とそのつど連絡を取り合います。私の学童では、学校からの申し出もあり、学期に一回は、学童指導員（正規指導員二名）と学校の校長先生、教頭先生、各学年のクラス担任、教務主任、体育主任、生徒指導の先生方と夕方、時間を設けて話し合いをします。

学童は、家庭と日常的な関係があるので子どもたちの暮らしぶりが見えているのですが、学校では見えづらいこともあります。互いの守秘義務を守りながら、子どもたちひとり一人の様子、家庭状況や親の思いを伝えます。

また、子どもたちの表す言動も、学校と学童では全く違うこともあるのです。指導員も、見えていなかった学校での子どもの一面を知ると、さらに子ども理解が深まります。学校と連携をはかりながら、共に子どもを見守っていくことが大切です。

❖専門機関との連携の中で子どもを守る

子どもや保護者と直接関わる中で、学童保育だけで対処が困難なケースや場面もあります。そんなときは自分たちだけで抱え込まないで、子どもに関わる専門機関と連携をはかる必要も出てきます。

子どもの中には、親から暴力や育児放棄、虐待を受けている場合があります。児童虐待防止法にもあるように、指導員はふだんから子どもの身体や行動の変化を見極め、早期に虐待の発見に努めることが必要です。子どもの変化や気になること（体の傷、脅えている、服装の乱れ、食事の様子、情緒の変化など）の事実は日々の記録に書きとめておきます。福祉的介入が必要とされるケースについては、児童相談所に通告する義務があります。

また、私の学童では、気になる行動が見られた子どもについて、その事実を共有しながら学校や家庭とも相談し、保護者と一緒に教育センターに相談に行き、医師に発達障害の診断を受けたことがありました。それからは、その子どもは、周りの大人たちに理解されながら適切な関わりを受けられるようになりました。

子どものいのちと心を守るために児童相談所、教育センター、病院などの専門機関と連携しながら、援助を要する家庭をどうすればいいのか、対応をはかることが大切です。（第Ⅳ章「心といのちを守る」157頁〜に事例を紹介）

⑩金銭管理

私の学童（民営）では、保育料の中から教材費やおやつ代、各種行事費用などの管理が指導員に任されています。金銭についての管理は、トラブルを防ぐために担当者、保管場所、保管方法を決めて管理しておくことが必要です。定期的な記帳や報告も大切です。

⑪保育の記録

一日を終えたとき、自分の実践を振り返りながら保育記録を綴る作業は、子ども理解を深めていくと同時に、明日からどう関わっていくのかの見通しにもつながります。

記録をするときに、子どもの名前と活動だけを羅列するのではなく、子どもの気になる言動、子どもへの対応（働きかけ）、その後の子どもの変化など、ひとり一人の言動に気を留めながら事実をしっかり書き留めます。

そうした日々の記録をもとに、子どもたちの学童での生活の様子を保護者に伝える「通信」（誌名は「かたくり」）を書きます。子どもたちの健げな姿やキラキと輝く場面に出くわすと、感動を一人占めできず、伝えずにはいられないのです。子どもたちが学童でどんなことで心躍らせたり、楽しみを抱きながら過ごしているのか。楽しいことだけでなく、ときにぶつかりもあり、つまずきも葛藤も、成長過程には欠かせない経験としてくぐっていることも伝えます。

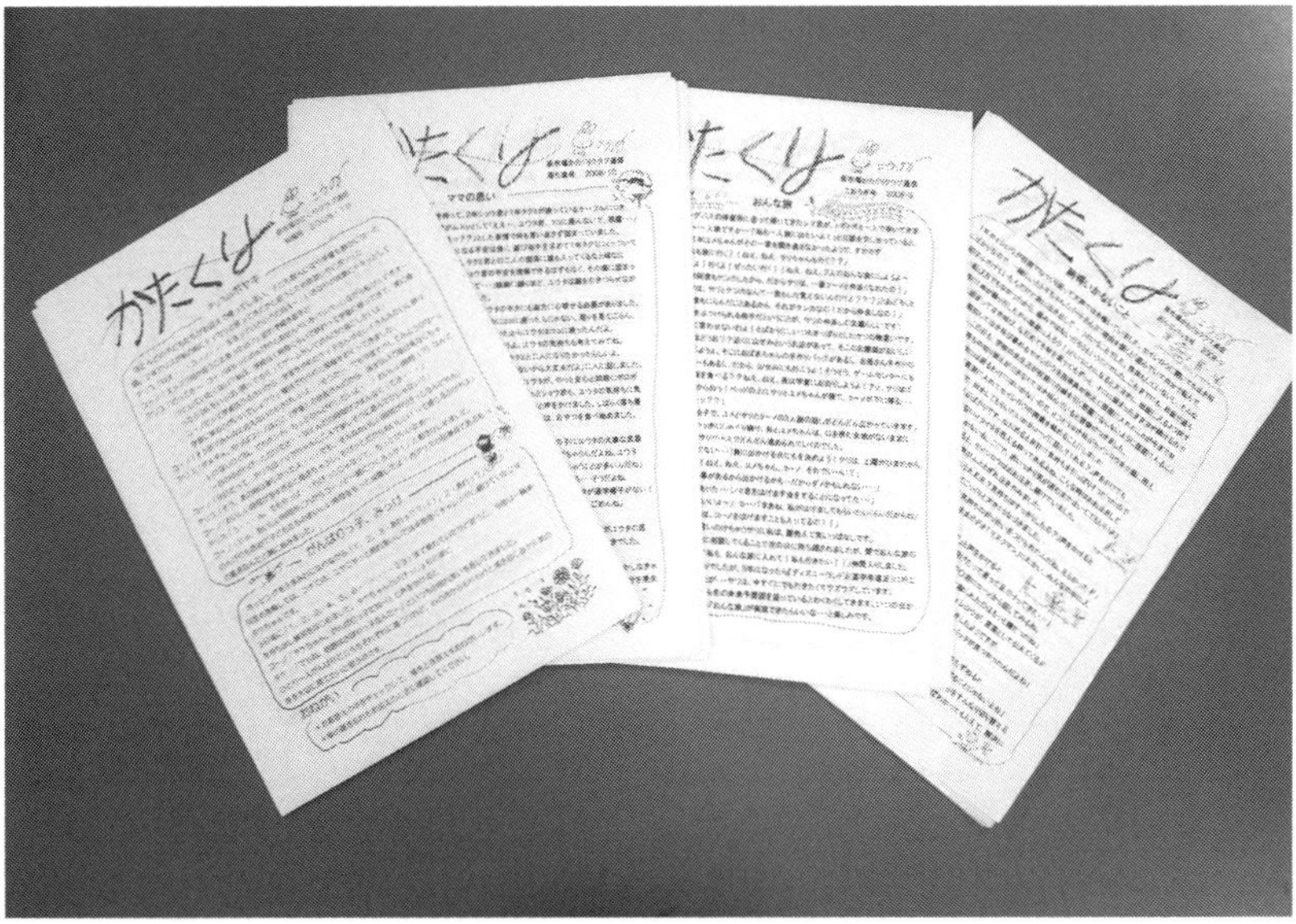

保護者だけでなく、子どもたちも心待ちにしている学童通信「かたくり」。

紙面で伝える事実が、働きながら子育てをする親たちを励ます内容でありたいと思っています。私は、「通信」には子どもたちの名前を実名で書いていますが、そのためには保護者会で「わが子だけでなく、みんなで学童の子どもたちを育てましょう」ということを確認します。信頼の土壌を常に耕し続けることが大切だと思います。

また、日々の記録をひも解きながら、一定期間を通しての実践記録を書きます。私にとっては、実践を綴ることは自分の日々の実践の振り返りや確認をする作業であり、自分の仕事への追求でもあります。

⑫研修への参加

それぞれに違いを持つ子どもや、保護者を深く理解することは、そうたやすいことではありません。目の前の子どもや保護者と真剣に向き合おうとすればするほど悩みや葛藤も生まれます。自分の育ちや子育ての経験だけでできる仕事ではありません。絶えず、自分の力量を高め、感性を磨き続けることが求められる仕事です。

学童保育のことを学んだり、子どもや保護者を深く理解するための研修に参加して学びます。全国学童保育連絡協議会主催の研究会のほかに、埼玉県では、県レベルの指導員連絡協議会があるので、午前中に県や沿線ブロック、市の研修に参加し、指導員同士で互いの実践を討議し合い、学ぶこともあります。

※全国各地で行われる学童保育指導員研修会については、左にお問い合わせください。

全国学童保育連絡協議会
〒一一三－〇〇三三　東京都文京区本郷3－26－1　本郷宮田ビル4階
TEL03－3813－0477　FAX03－3813－0765
http://www2s.biglobe.ne.jp/~Gakudou/

第Ⅲ章

学童の年間行事

入所式（3月）

原市場「かたくりクラブ」では、一年生が入学する直前の三月末に入所式を行います。

三月に入ると、上級生たちは新しい一年生を受け入れるための入所式の準備を始めます。

「私は、一年生が学童保育の生活がわかるように紙芝居を作って紹介する！」

工作が大好きで、毎日のように牛乳パックでガンダムを作りためているユウトは、

「オレが作ったガンダムを一年生にプレゼントする！　喜んでくれるかな〜」

それぞれのふだんの遊びや活動を生かしながら入所式の準備を進め、新しい仲間を迎え入れる心の準備と期待をふくらませていきます。

そして、迎えた当日。

一年生は、緊張でモジモジしたり、無駄に大きな声を張り上げたりしながらも、お兄さんお姉さんの前で一人ひとり自己紹介をします。

二年生の大ちゃんは、一年生のツーくんの首にプレゼントをかけながら、

「僕ときみは運命の糸で結ばれているかもしれないね」

入所式。１年生のために、３年生のアイちゃんが学童の生活の流れを紙芝居で紹介しました。

と声をかけました。二年生ソウくんは、

「よろしくね！」

と声をかけながら、タッくんにプレゼントを渡しました。

サービス精神旺盛の二年生ジュンくんは、一年生たちの緊張を和らげようとみずからお笑いライブを行い、会場が笑いの渦でした。

リョウくんと隼人くんは、ふだん遊んでいるレストランごっこの遊びを紹介しながら、一年生には「特別レストランお食事招待券」をプレゼントしました。

マット運動の得意なナオくんは、「そんなもんなんてしねえよー」と言っていたのに、当日になると、どうしてもマット運動を披露したいと言い出し、一年生の前で堂々と演技した後、

「やりたい人は僕が教えてあげます」

と宣言しました。

一年生たちは、お兄さんやお姉さんたちの遊び紹介に、目をランランと輝かせ、学童での生活への不安がちょっと期待に変わります。

七夕（7月）

七月の七夕が近づくと、子どもたちと七夕の飾りを作り始め、短冊に願いを書いて笹につるします。

「僕ね、小さいときに二〇〇円くださいって願いごとをして、朝起きたら枕元に二〇〇円置いてあってね、願いごとが叶ったんだよ。今年の願いごとは、九〇〇円ください！」

「親友がほしい」と書いたタクマは、次の年にハッセー、フミ、タクミなど親友に囲まれて七夕を迎えていました。

「私のお母さんがやさしくなりますように」と吊るしてある願いごとを見て、お母さんがぎょっ！　としていました。

一年前に母親と離れて暮らすことになった二年生の女子が「お母さんと早く会えますよう

七夕。笹に飾り付けをしながら女の子たちが着せ替えごっこ。

に」と書きました。両親の離婚問題で揺れ動き、転居を余儀なくされている四年生の女子の短冊には「一日でも長く、この学童に居られますように」と書かれてありました。

四歳のときに若い父親と死に別れた三年生の女子の願いは「早くお父さんが欲しい」。四年生の男子はいつも「俺たちはお父さんに捨てられた」と口癖のように言いながら、笹竹の一番高いところに「お父さんと会いたい」と願いを吊るしてありました。

毎年、七夕になると、子どもたちの祈るような切実な願いが色とりどりの短冊に書いて飾られ、初夏の風に揺れます。

学童のすぐ近くの川で川遊びを楽しむ。みんな大はしゃぎ。

キャンプ（8月）

夏の一大イベントの親子キャンプを子どもたちは楽しみにしています。

キャンプでは、学童保育の施設を離れた地で、寝食を共にしながら子ども同士、子どもと指導員、子どもと保護者、指導員と保護者、保護者同士の関係が深まります。日程は、なるべくゆったりと過ごせるように無理のない計画を立てます。子どもたちは、昼間は昆虫探しに野山を駆け回り、キャンプファイヤーで盛り上がり、仲間と一緒にテントの中で枕を並べて夜更かしします。保護者もこのときとばかり、子どもと一緒に戯れます。

楽しみの一つは、やっぱり虫取り。タクマが、

スイカ割り。うまく割れるかな？

「オレは今年はトカゲ狙いだな！　コーノは？」

「コーノは、もちろんミヤマ（クワガタ）でいく！」

三年前、このキャンプ場で偶然見つけたクワガタスポットで毎年、ゲットしているのです。「コーノに着いて行けば虫に出会える」と、虫好きのメンバーが私に群がります。キャンプ場に着いてすぐに、私がミヤマをゲットしたのでなおさらでした。

「コーノ、どんなところにクワガタがいるの？」

「目だけじゃなくて、五感を働かせることが大事だよ。コーノがスポットを見つけたときには、樹液の匂いがしたから、この木にはクワガタがいる！　って思ったんだよ」

「ええ〜！　樹液の匂いがわかるなんて、コーノは昆虫だー!!」

大騒ぎしながら、虫取り行列が林の中をあちこち

お昼は保護者も含め、みんなでバーベキュー。子どもたちはいっぱい遊び、大人はのんびりおしゃべりして骨休め。

歩き回ります。

夜、子どもたちが就寝した後の保護者交流会も指導員と保護者、保護者同士の関係を深めます。

夏祭り（8月）

夏休みの一日、高学年の男子の「地域の友達とも遊びたい」との要求をかなえるべく、地域の子どもたちを学童保育に招待して、いっしょに学童保育の遊びやおやつを楽しみながら過ごせる「夏祭り」を企画しました。

学童の子どもたちがそれぞれの班ごとに学童おやつのお店「フランクフルト屋さん」「チューペット屋さん」「当たり飴屋さん」と、遊びのお店「割り箸鉄砲的あて」「スライム作り」「ヨー

駄菓子屋さん。マウちゃんママの呼び込みに、地域の子どもたちが集まります。

ヨーヨー釣りはいつも子どもたちに大人気！

ヨー釣り」などを準備して、地域の子どもたちを学童の生活に招待し、学童の施設内で、地域の子どもたちと交流します。

新設した学童保育に移動した数名の子どもたちや、地域の友達、学校の担任の先生、さらに、校庭に来ては子どもたちと遊んでくれている障がいのあるお兄さんも来てくれました。招待された人も招待した子どもたちも、関係を広げ、共に楽しい時間を過ごすことができました。

学童祭り（10月）

地域に学童保育の理解を広げることと、運営の資金つくり（民間学童にとっては売り上げが運営を大きく左右するのです）のための学童祭りを学童の敷地内で行います。

向かい側の校庭では、地域の体育祭が行われます。保護者の担当者は、前もって祭りの企画と模擬店に必要な材料の買出しなどの準備をします。いつもお迎えに来てくれるお祖父ちゃん、お祖母ちゃんも手伝いに入ってくれます。

ＯＢたちも、「何かできることない？」と駆けつけてくれたり、家族連れで遊びに来てくれます。久しぶりに再会したＯＢ保護者たちの同窓会が始まるなど、一年に一回学童のみんなの楽しみの集いの場となります。

子どもたちはふだんの学童の遊びの延長として、作りためた手芸作品や工作作品がお店屋さんや子ども広場の景品になりますし、スライム作りやプラ板、風車作りなどの工作など地域の子どもたちと共に楽しみます。学童祭りの半年も前、縫い物をしていた五年ミナはひらめいたとばかりに、

「ねえ、このシュシュ（髪飾り）は学童祭りに売れると思わない？　どうお？」

売り上げは、子どもたちのキャンプやお出かけのバス代にもなるので必死です。

みんなで心一つに祭りを成功させると、終わった後の保護者、子どもを含めて反省会（打ち上げ）もさらに盛り上がります。家族まるごとで秋の一日を楽しみます。

もちつき（1月）

餅つきは、年が明けて一月の学校休業日に行われます。

親子で学童の庭で朝から火をおこし炊き出しをし、臼と杵で餅つきをし、つきたてのお餅「きなこ餅」「海苔餅」「あんころ餅」「からみ餅」と温かいトン汁をみんなでたらふくいただき

餅つきはお父さんたちが大活躍。杵が思ったより重くて、子どもたちは必死！

つきたてのお餅をみんなでお腹いっぱいいただきます。

ます。学童のＯＢたちも駆けつけます。

大人たちは、保護者会を兼ねた新年会です。日頃から、子どもたちが壁にボールをぶつけたり、いたずらをしてはご迷惑をかけたり、温かく声をかけていただくなどのお世話になっている学童保育近隣のお家につきたてのお餅を持って、新年のご挨拶をします。

卒所式（３月）

六年間、学童で生活を共にした六年生を送り、新しい仲間を迎え入れる入・卒所式を三月の末に行います。指導員はひとり一人にメッセージを贈ります。六年前、あどけない顔で入所してからのさまざまなことが思い出されます。

六年生と保護者も、指導員や在所児、保護者に感謝の挨拶をし、六年間の子どもたちの成長を学童みんなで喜び合います。

❖指導員（コーノ）から子どもたちへ卒所のメッセージ

毎日「ただいま」と帰って来てくれて、共に生活し、一緒にいることが当たり前だった子ど

卒所式。涙ぼろぼろのアヤから指導員にメッセージ。「6年間ずっと学童に通って楽しかったよ。いろいろハプニングもあったね。さよならだとさびしいよ」

もたちを送り出す卒所式の日。毎年、涙なしにはメッセージを読めません。その一部をご紹介します。

✽――タカへ

《一年のとき、校庭の桜の木の下で薬屋さんごっこをしたことがあったよね。そのとき、「僕は良い子になる薬がほしいんだ。家で怒られてばっかりだから」。一人っ子のタカが自信を持てるためのお薬は、タカを慕ってくる学童の弟たちの存在だったように思います。これからも憧れの兄貴分として、ときどき学童に顔を出して、弟たちを勇気づけてね。》

✽――トモキへ

《一年の頃、消防車やパトカーの絵本が大好きで、本を広げていっぱいおしゃべりしたね。学校の宿題を学童に置き忘れて戻ってきて、探し回ってやっと見つけたときに、「コーノ、ありがとうね、本当にありがとうね」。あのときもそうだったけど、心の底から笑顔つきの「ありがとう」のトモキの言葉に何度も心が洗われる思いがしたよ。こちらこそ、ほんとにありがとう。》

✲――ユッピへ
《一年のとき、砂遊びで服に少しでも泥がつくと、「どうしよう」といつも不安げだったユッピ。学童の中で仲間と信頼を寄せ合う中で、相手に立ち向かっていく力も、気持ちを切り替える力もつけてきたね。五年のとき、「僕ね、この頃いいことばっかりあるんだよ。コーノに幸せのおすそ分けができないことが残念だけどね」って言ったけど、コーノは、この六年間、ユッピにうーんと幸せのおすそ分けをもらいました。ありがとう。》

✲――アヤへ
《ことある度に、体ごと飛び込んできてくれて大泣きしたり、励ましてくれたり、存在を確認し合ったり、喜び合ったりしました。一年の頃、アヤの顔がお腹の位置にあったのがどんどん高くなっていくことを感じてきました。アヤを抱きしめると、コーノは体の底からぐんぐんと力が湧いてきました。アヤの存在そのものがコーノに安らぎと勇気を与えてくれました。》

✲——ユリコへ
《ユリコは、物事の考え方が深くて、私はハッとわが身を振り返ることが何度もありました。人に合わせて自分をごまかすよりも自分らしくありたい、自分の意思をしっかり持っています。だからこそ、人一倍傷つくこともあるのだと思います。でもそんなユリコの正直さがコーノは大好きです。これからもどんなピンチに出くわそうとも、コーノはユリコの味方です。》

✲——アカネへ
《女の子同士のトラブルもあったけれど、いつもアカネは前向きに乗り切りました。友だちを大切にしてくれ、指導員を大切に思ってくれたアカネにどれだけ救われたり励まされたかしれません。また学童に来て、アカネのおしゃべりをたくさん聞かせてね。》

学童の行事は、このほかに「春のお出かけ」「秋のお出かけ」「クリスマス会」「映画会」「高学年遠足」「毎月の誕生会」を行います。行事はふだんの生活の延長の彩りとして、子どもたちにとって心待ちの一日（ひととき）です。行事を通して子どもの別の一面が見えたり、子ども同士の関係が広がります。

［注］私の勤める学童では、卒所式と入所式は同じ日に行います。

第Ⅳ章

〈実践編〉
子どもの心に寄り添い、親を支えて

単身家庭が増えています。家庭が崩れ、大人の混乱の渦の中にある子どもを、心の痛む思いで見守ることが多くあります。当然、父親や母親の事情も生き方もありますから、決して誰も責めることはできないし、現実を変えることはできないのですが、せめて子どもたちが自分の辛さを学童で投げ出すことができたり、学童で楽しい時間を過ごせることで寂しさを乗り越えてもらいたいと願うばかりです。

親権を持った親も、気持ちの整理がつかないままに混乱の中での葛藤もあります。子どもを守るためには、まず親も支えていかなければと思うのです。

実践①

オレの大事な仲間
――父子三人暮らしのハッセーの心を支えたもの

ハッセーは、いきなり父ちゃんから両親の離婚の話を聞きます。父親と妹とハッセーの三人暮らしが始まります。大きな悲しみの中でも、学童の仲間とのつながりが唯一ハッセーを支えていました。父親に転居を切り出されても、「卒業するまではこの学童にいたい」ということがハッセーの願いでした。

❖ハッセーの父ちゃんの涙

ハッセーの家族（両親、妹）は、毎年夏休みや冬休みなど長期の休みになると家族旅行に出かけ、絵に描いたような円満な生活があるように見えていました。そのハッセーの父ちゃんに、いきなり家庭での混乱を打ち明けられたのは、夏休みのキャンプの夜でした。

毎年のように子どもたちの就寝後、指導員も保護者たちの交流会に加わっていました。夜中に子どもたちのテントを見回っているときに、ハッセーの父ちゃんが、

「先生にちょっと聞いてもらいたいことがあるんだけど、いいですか？」

と顔を曇らせました。ただごとではないなと思いながら、近くの石のテーブルに座ると、

「実は一週間前に突然、妻から別れ話を持ち出されて……。全く突然で、どうしていいかわからなくて……」

と切り出してきました。

「今まで必死で家族のために働き続けてきて、俺のできる精いっぱいで家族に尽くしてきたつもりだった……。一週間、妻を説得してきたけれど、もう無理みたいで。子どもたちにはまだ話していないし、どう伝えたらいいのかわからなくて、子どもたちにいちばん申し訳ない。俺はどうなってもいいけど、子どもたちが……」

いつも毅然と構えている父ちゃんが、二人の子どものこととなると、手放しの男泣きでした。兄妹を引き離すのはかわいそうだから、父ちゃんが二人を引き取って育てることと、キャンプから帰ったら、子ども二人に伝えることを父ちゃんは決めました。

納得いかない思いのたけを父ちゃんは泣きながら話し続け、白々と夜も明けました。ずっと眠れぬ夜を過ごしてきただろう父ちゃんを案じて、少しでも体を休めたほうがいいと私から話

し、やっと父ちゃんは夜も明けた頃にテントに戻りました。

❖妹・エリのつぶやき

キャンプから帰っての休み明け、ハッセーは目を泣き腫らしていました。察してはいたものの、私からは何も触れず、ハッセーから話してくるのを待とうと思っていました。ハッセーは気丈に、これまでにも増して仲間たちと野球やサッカーやドッジボールなどで体を動かし、走り回り、時間を惜しむように毎日遊びきっていました。

キャンプから一週間経った頃、妹のエリと校庭で一輪車の練習をし、途中、朝礼台に座って休んでいるときのことです。エリから切り出してきました。

「うちのお父さんとお母さんが離婚したの……。キャンプから帰った夜にお父さんから聞いたんだけどね。エリはあまりよくわからなかったから泣かなかったけどね、ハッセーが大泣きして、『いやだ、絶対にいやだ』って泣き叫んだの……。コーノは家のことを知ってる？」

「うん、父ちゃんに聞いてるよ……」

「でも八月八日はいい日だったんだよ」

「へえー、どんないい日だったの？」

「エリの誕生日だったから、お母さんから手紙をもらったんだよ。手紙に『エリはかわいいね。

寂しいときはいつでもお母さんに電話してきていいよ』って書いてあったんだ。でも、寂しいときに電話していいよなんて言っても、それだったら、ずっとずっと電話をしつづけるよ……」とエリはつぶやきました。エリにとって「寂しいとき」ってたまにあるのではなく、ずっと継続して寂しい気持ちなんだということを言いたかったのです。私は言葉を失い、真夏の校庭で、太陽のまぶしさとあいまって、涙をこらえるのに必死でした。

❖ハッセーの譲れない願い

ハッセーは、負けん気が強いのでよく周りとぶつかりましたが、一年の頃は他の子どもとぶつかるたびに、「こんな学童はやめてやるー！」が口癖でした。学童を飛び出して、歩いて帰りそうになるのを何度も引き止めて話し合いをするということを繰り返していました。

二年になって、三学年上のタクマとのつながりの中で仲間の輪を広げてきて、この頃には学童の男子集団のリーダー的存在でした。ハッセーのどうしても譲れない願いのひとつは、「小学校を卒業するまで原市場学童にいたい」でした。

父ちゃんの通勤時間は片道二時間かかり、朝五時半に起きて子どもたちの朝食を準備し、六時過ぎに家を出る。帰りは残業をせずに真っ直ぐ帰ってきても七時半になり、それから買い物をして夕食を準備すると、食べるのは九時前になるという生活になりました。

が、父ちゃんは、子どもたちのために夏休みのお弁当も一日も欠かさず作り続けました。ハッセーとエリも学童でめいっぱい遊んで疲れていても、帰ってから米をといだり風呂の準備をしたり、家のことをこなしながら父ちゃんの帰りを待ちました。ハッセーがどんなときも泣き言を言わなかったのは、引っ越しせずに原市場学童にいられるためでした。

それでも、無理が重なり、子どもたちも風邪をひいたり体調を崩すと、父ちゃんは仕事を休まざるえないことや、経済的にも残業をしない状況は厳しくなってきました。父ちゃんは、子どもたちの世話をしてもらうために再婚するか、職場の近くに引っ越すかで気持ちは揺れていましたが、「原市場から離れたくない」ハッセーは頑として譲りませんでした。

❖「オレがおんぶして歩くから」

運動会の振替で学校の休業日に、一日保育で宮沢湖に出かけました。ほとんど四、五人のグループにもかかわらず、「オレも入れて」「オレも……」で膨れ上がった一一人グループを率いるリーダーはハッセー。トイレ待ちをしている間に、土をかけたとか、かけないとかの言い争いでいじけて固まってしまったヨシを見かねてハッセーが、

「オレがおんぶして歩くから来い！」

と背中を向けてしゃがむと、それまで誰が声をかけても動こうとしなかったヨシがハッセー

の背中に飛びついたのでした。

ハッセーはヨシをおんぶしたまま、みんなと歩いていましたが、遊びの広場までは坂もあるし距離もあるし、ハッセーの疲れも見て取れたので、

「ヨシ、ハッセーも疲れるからそろそろ歩いたら？」

と声をかけると、ヨシは首を振ってハッセーの首にしがみつきました。

「オレだったら大丈夫だから……」

ハッセーはそう言いながら汗びっしょりでした。

ハッセーチームのメンバーがメリーゴーランドで遊んでいるとき、タイチはのんびりおやつを食べていたにもかかわらず、昼食が終わった後、

「オレ、メリーゴーランドに乗りたいけど、誰もいないから……」

と言い出しました。すかさず、ハッセーが、

「オレはさっき乗ったから券はもうないけど、一緒に側にいてあげるよ」

とタイチについて行き、タイチが乗っているメリーゴーランドの周りをぐるぐる走り続けました。メリーゴーランドが止まる頃には疲れ果てて、とうとうハッセーはその場に倒れこみました。息を切らしているハッセーを見て、タイチは急いで坂を駆け下りて行きました。相棒の伊藤ちゃんの話によると、自分の財布からお金を取り出してハッセーのためのジュースを買おうとしていたらしいです。

自分のために一生懸命に尽くしてくれたハッセーに、タイチはお礼の気持ちを表したかったのだろうと思うのです。一年の夏に「学童に行きたくない」とぼやいていたタイチが、「学童が楽しくて仕方ない」と思えるようになったのは、こんなハッセーとのつながりができたからです。

❖オレにとっていちばん大事なものは

この前、雨の中を帰りのバス送り（父ちゃんは迎えに来られないので、二人は路線バスで帰る）に行ったとき、バスを待っている間に、ハッセーとエリと私は三人で話していました。

「最初はたいへんだったと思うけど、この二カ月、父ちゃんと三人でよくがんばってきたね。

つらい思いもしながら、いろんなことを考えさせられた二カ月だったでしょ？」
「うん、コーノ、オレね、大事にしたいことがこの頃よーくわかってきたんだ。ゲームとかおもちゃとかなんて、そんなことはどーでもいいんだ。オレが大事だって思うことは、自分のいのちがあること、家族がいてくれることと、そして仲間がいること。オレは、そのことがいちばん大事だって思うんだよ」

悲しみをくぐってきたハッセーがしみじみと話してくれました。

宮沢湖でも年下の子どもたちを守りながら、ハッセーは自分の大事にしたいことを必死で守っていたんだなあと思えて、バス待ちの雨の中、傘に隠れて泣きそうになりました。

その後、父ちゃんが他の女性と親しくなり、その女性が家に来て子どもたちの面倒をみてくれるようになりました。まだ母親との別れを受け入れがたいハッセーにとって、他人が家に入ってくることにはかなり抵抗があったようです。
「何のために今までがんばってきたのかわからない。オレは三人で暮らすためだったら、どんなことでもするつもりだったのに……」

学童でもハッセーの表情は曇りがちでした。時折、
「オレは生まれてこなきゃよかったのかもしれない……」

とつぶやくことがありました。ハッセーがポツリとつぶやくと、一緒に行動している一学年下のソラが側で、

「ハッセー、そんなことを言うなよ！　ハッセーが生まれてこなかったら、オレたちは出会えていなかったんだぞ。そんなことを言っちゃダメだよ。オレたちは仲間なんだから！」

どんなときでも、心が崩れそうなハッセーを仲間が支えていました。

❖ハッセーとの別れ

一年後、父ちゃんは残業で遅くなることが多くなり、家に帰りつくと、子どもたちがご飯も食べずに転がって寝こんでいる状況もあり、とうとう「このままでは子どもたちに悪い」と父ちゃんは散々悩んだ末に職場の近くに引っ越すことになりました。

ハッセーは、「コーノには引っ越すことをギリギリまで話さないで」と、悲しむだろう私のことを気遣っていたようでした。

「ハッセー、引っ越すことになったんだってね。コーノはハッセーの願いを叶えるためには力を尽くすって言ったのに、結局、最後まで学童にいたいハッセーの願いを叶えることができなくてごめんね。何の力にもなれなかったこと、ごめんね」

「コーノは、オレたちのためによくがんばってくれたよ……ありがとね。ホントは、学童を

卒所するまであと一年いたかったけど、父ちゃんも一年間、オレのために引っ越しを延ばしてくれていたし、今度はオレが父ちゃんの願いを聞く番かなあと思ってさ。しかたないんだ……」

とぼそぼそ話しました。

「オレさ、タクマが学童を卒所するときに『タクマ』って書いた通学帽子を譲り受けたんだよね。今度はそれに『ハッセー』って書き加えて、ソラに譲り渡しておこうかなって思っているんだよ。原市場学童代々続いてほしいから……」

妹のエリも引っ越しが決まってから、学童で指導員に甘えっぱなしでした。

「ハッセーやエリに困ったことがあったら、コーノはいつでもすっ飛んで行くよ」

と言うと、

「あっちの学校に行ったらエリ、友だちにいじめられた方がいいんだ。父ちゃんが、いじめられたら、またこっちに戻ってくればいいって言ってたからね。いじめられたらすぐに原市場に戻ってこれるから……」

といつものように淡々と話しました。

大人のトラブルに翻弄され、寂しさや辛さを抱えている子どもたちも、自分の思いを吐き出せる場と人とのつながりに支えられて健気に乗り越えていくのです。

実践②

気を失うほど暴れるカズッチ

――カズッチを苦しめているものは何か

子どもたちの中には些細なことでキレ、暴言や暴力で容赦ない攻撃を向ける子どももいます。表面に現れる言動と向き合いながらも、辛抱強く心の内を探る関わりを重ねていくと、子どもたちの抱えている辛さやしんどさが見えてくることがあります。

傷ついたり、言いたいことを胸深く押しころしてきた子どもたちは、そう簡単に人に心を開いてはくれないのです。「うっせー、ババア！　死ね！」と刃を向けたかと思うと、「オレから絶対離れるなー」と、べったりの依存を向けたり、無理難題を押しつけてみたりの試し行動を繰り返します。やっと関係がつながったかと思う瞬間があったとしても、次にまた、今までの関係を根っこからぶった切るような攻撃を向けたり……。

傷ついてきた彼らは、自分の負った傷を相手にぶつけ、同じような傷を背負わすほどのエネルギーで向かってくるのです。そこに向かう私たち大人は、相当な覚悟もエネルギーも要するのです。相手を容赦なく攻撃したり、無理難題を押しつけたりの行動を何度も繰り返し、試しながら、彼らはやっと、「この人だったらオレを決して見捨てない！」「この人だったら大丈夫！」の安心を実感し、人に対する信頼にようやくたどり着くのです。

❖カズッチが荒れ始める

カズッチが学童に入所してきたのは三年生のときでした。両親の離婚がきっかけで隣町から転入してきて、母親とカズッチと一年生の弟の三人の暮らしが始まるときでした。

入所した当時のカズッチは口数が少なく、指導員の話しかけに首をタテヨコに振る動きで返事をするくらいで、カズッチの生の声を聞くまでにしばらく時間を要したほどでした。この頃、学童の児童数は毎年増え続け、この年は九二名（障がいのある子ども八名）。ゆったり心落ち着ける場ではなく、指導員もひとり一人に十分関わりきれない状況でした。

大人には警戒をみせるカズッチでしたが、子どもの中にはすんなりと入り、年下の子どもたち（弟を含め）を引きつれ、校庭で走り回ってよく面倒を見てくれていました。

そのカズッチが五年になると、行動に大きく変化が見られるようになります。変わらず年下の子どもたちと行動を共にはしていましたが、命令口調で脅し、言いなりにさせるなど、力関

係で押さえ込んだり、「言うことききかないとぶん殴る！」と、強引で支配的な行動が見られるようになりました。

学校から帰って来るなり「ただいま」の代わりに大声で、「死ねー！」とわめき散らしながら、ブロックや漫画本を部屋中に投げ散らし、ロッカーの上に上がっては高らかな笑い声をあげ、年下の子どもたちの遊びをことごとく邪魔をして回る。相手に「やめてよ！」と反撃されると、容赦なく暴言を浴びせたり、殴る蹴るの攻撃を向ける。そこで、指導員が注意を促そうものなら、「うっせー！　黙れっ、ババアー！死ねっ！　消えろっ！」。言葉の刃でズタズタに突き刺してくるのです。

そのうち、カズッチは仲間たちを引き連れ、勝手に学童の敷地外に飛び出し、裏山へと抜け出して行くのです。指導員は、そのたびに四方八方探し回り、学童に連れ戻します。連れ戻すと、石や物を投げたり壊したり、指導員に殴りかかり、散々暴れて、また隙を狙って裏山へ抜け出して行くということが来る日も来る日も繰り返されました。

　二年生の弟のナオトが不安そうな表情で、私の前に走りこんできたかと思うと、

「ねえー、コーノ、また兄ちゃん（カズッチ）とナオくんとマキとミナくんが畑のほうに行ったよー」

「教えてくれてありがと、すぐ探しに行くから……」

　何人もの小学生が犯罪に巻き込まれている事件が続いている最中、すぐに相棒の村せんと私は二手に分かれ、裏山のほうへ探しに行きました。山のほうを走り回って学童に戻ると、相棒に連れ戻された四人が不機嫌そうに外で座り込んでいました。カズッチがやり場のない怒りをぶつけるかのように、学童に向かって石を力いっぱいぶつけていました。壁にはすでに穴があいていました。

「カズッチ、石を投げるのはやめてね。間違って人に当たったり、ガラスに当たったりすると大変だから……」

　なるべく刺激しないように、そっと語りかけましたが、

「うっせえーんだよ、ババア、めがね！」

全く行動を改める気配はなく、むしろ挑発するかのように、あたりかまわず石を投げつけ、ますます行動はエスカレートするばかりでした。

❖内緒のドライブ

前日も、学童の屋根に上っては、「危ないから降りて」と相棒の村せん（この頃、正規指導員三名体制）が注意してもきかず、指導員室で話し合おうとした村せんに怒り、指導員室中のものをひっくり返し、パソコンを投げつける勢いだったことを聞いていました。

「カズッチ、他の子が怪我をすると危ないからやめてね」

と手を取ると、

「さわんじゃねぇー、きもいんだよー、死ねー、今すぐ死ねー、めがね死ねー、つまんねーんだよ」

血走った鋭い視線で睨みつけ、殴りかかって暴れ狂うのです。全くコントロールできないパニック状態がおさまるまで待つしかありません。カズッチの興奮が鎮まって手を離すと、今度は反対の山へ一人で走り出しました。カズッチを追いかけると、山の中でもあちこちに石を投げつけていました。

「ここだったら人がいないし、壊れるものがないから気が済むまで投げていいよ」

と声をかけ、しばらく様子を見守りましたが、頭の中はカズッチの発した「つまんねーんだよ」の言葉が渦巻いていました。興奮がおさまったところを見計らって、

「カズッチ、つまんないの？」

と声をかけました。カズッチは静かにうなずきました。

「カズッチは、何かしたいことがあるの？」

とたずねると、

「学童にはもどりたくない。どっかに行きたい……名栗《なぐり》のダムとか……」

とつぶやきました。そこで、学童にいる相棒の伊藤ちゃんにカズッチの状況を説明し、

「今日、カズッチとじっくり関わりたいから、カズッチ仲間を連れて出かけて来ていいかな、学童のほうは大丈夫？」

と聞くと、

「カズッチとその仲間たちがいなかったら、物足りないくらいだよ。こっちは大丈夫だから、コーノちゃん、カズッチたちのこと、お願いね」

と快く了解してくれたので、

「よし、今日は特別に五人でドライブに行っちゃおうか。これは、特別だからね」

さっそくカズッチと仲間たちを車に乗せ、近くの渓谷に出かけました。

紅葉で色とりどりの落ち葉の中で無邪気に駆け回り、カズッチの表情は次第に和らいできました。カヌー工房に立ち寄り、見学させてもらうとき、

「おい、さわんじゃねえーぞ、壊すといけないから……」

カズッチが周りの子どもたちに声をかけながら気遣うのです。さっきまで物も人の心も何もかも破壊するような勢いだったのに、同じ人間とは思えない変わりようです。

帰りの車の中では「今度は川に連れて行って！」と要求を出し、すっかり笑顔になっていました。お迎えのお母さんに伝えたけれど、夜、家に帰ってもカズッチのことが気になってしかたありませんでした。お母さんに電話をかけると、

「私もね、一人で生活を支えることが必死だったからカズッチから少し気持ちが離れていたと気づいたんだよね。さっき、仕事の手を休めてカズッチとしりとりをしてやったら安心したみたいに寝ちゃったよ。先生、私もちゃんとカズッチと向き合っていこうと思っているから、何でも伝えてね」

生活も子育ても一人でやりくりしながら、わが子と正面から向き合っていこうとしているお母さんを信頼し、伝え合いながら一緒にカズッチを育てていこうと思ったのでした。

❖カズッチに振り回され続ける指導員

特別なドライブに行って、カズッチが一瞬、笑顔を見せてくれたことで、こんなふうにカズッチの要求に応えることを積み重ねながら関係をつないでいこうと思っていました。が、昨日今日ですぐ変わるわけはないのです。それからもカズッチの一触即発の荒れように指導員たちは振り回され続けるのです。カズッチがイラつくことには何か原因があると思い、聴き取ろうとするのですが、

「何かいやなことがあったんじゃないの？　何でも話してくれていいんだよ」

と声をかけると、

「うるせー、だまれ！　ババアにはカンケーねえんだよー」

とそう簡単に心を開いてはくれません。周りとの関係を力で押さえ込んでいくカズッチを、「カズッチくんが怖いから学童に行きたくない」の声も聴かれるようになり、周りの子どもたちをカズッチの攻撃から守るには他に術もなく、言葉での注意が通用しないカズッチを、今度は、指導員が押さえなければならないといった力関係のアリ地獄にはまってもがいていました。

どの子にとっても安心できる生活を保障する——それを実現することは、そう簡単なことではないのです。毎日、カズッチが暴れるたびに指導員は痣《あざ》だらけでした。若い指導員の一人は

つき合っている彼氏に、「そんな痣をつくるような仕事はやめろ」と言われたと言いました。カズッチが興奮してくると、若い指導員は、「カズッチが怖い」「どうしたらいいかわからない」とカズッチに背を向けるようになりました。職員会議では何度も、「カズッチは、暴れても暴言を吐いても、私たち指導員を求めているんだから、決して背を向けないでいよう。私たちがカズッチから逃げないでちゃんと向き合っていこう。カズッチも苦しいはずだから、みんなで守っていこう」

いっそ投げ出したいと、弱りそうになる自分自身にも言い聞かせ、若い指導員たちにも伝え続けました。

お母さんと伝え合うと、カズッチは家でも夜中に起きて、「天井から餓鬼《がき》がオレを睨んでいる。餓鬼が降りてくる。怖い！」と泣き叫ぶことがあったり、朝四時に起きてストーブの前にうずくまっていることがあるようでした。カズッチの精神状態が不安定であることを察することができました。

❖カズッチを一人にしない、けっして見捨てない

クリスマス会でビンゴゲームをしたときのことです。景品のなかに大きなぬいぐるみがあって、カズッチはそれを狙っていました。この頃、カズッチは物に対する執着もあって、欲しい

ものは手に入れないと気がすまないくらいにしつこく欲しがりました。なかなか自分の数字がそろわないことにイラつき始めていることがわかりました。

「早くしろよ！　うっぜえー、聞こえねえー、しずかにしろ！」

とうとうカズッチの欲しがっていたぬいぐるみが人の手に渡ると、ティッシュの箱を投げつけるなどしてキレ始めました。

自分のカードがビンゴすると、景品をもらうために順番に並んでいた子どもたちを押しのけて横入りし、景品をわしづかみしました。

「カズッチ、みんな順番を待っているんだから、ちゃんと後ろに並んで待ってて」

指導員の言葉に、

「うっせー、だまれっ！」

一触即発のカズッチの怒りにスイッチが入りました。ガラスを突き破らんばかりに大暴れするカズッチの右手と右足を私が押さえ、男性指導員のミウラくんが左手を、相棒の伊藤ちゃんが左足を押さえ、指導員が三人がかりで押さえ込まざる得ない状況でした。

「放せー、きもいんだよー、オレにさわんじゃねえー、死ねー、放せー」

体の大きい、いちばん頼りになるはずのミウラくんがカズッチに言われるままに手を離すと、顔面にパンチを受け、うずくまってリタイアしました（この頃、カズッチが「おんぶしろ！」と命令口調ではあるけれど、体をゆだねるのは唯一男性指導員ミウラくんのみでした。それを、ミウラくんは辛抱強く受け入れ続けていました)。

私は、両手でカズッチの右手と右足を押さえ、カズッチの左手グーパンチを腕にまともに受けながら、

「今、コーノがカズッチを放すと、ガラスを割ってカズッチが大怪我をするから放せない！」

「うるせー、オレはどうなってもいいんだー、放せー、死ねー」

「コーノは、カズッチがどうなってもいいとは思ってはいない。絶対にコーノはカズッチを見捨てない！」

ところが、散々暴れた後は落ち着きを取り戻し、声色までまるで別人のように変わり、帰りには裏声でささやくように、

「コウノー、バイバーイ、また明日ねー」

と帰って行くのです。

でもまた、次の日も同じようなことが繰り返されます。特に子どもたち全員が入室してごった返す夕方の時間になると、大声で叫び走り回り、物を投げちらす興奮状態になります。興奮して大声で叫び、走り回ったまま、真っ暗になった外へ突然飛び出して行きます。私は靴を履く間もなくあわてて裸足のまま、冬の凍りついた暗闇の中に飛び出したカズッチの後を追いか

けました。カズッチは私がついてきたことに気づくと、振り向いて、

「ついてくんなー!」

と怒鳴り、睨みつけます。

「いや、コーノはこのままカズッチを一人にするわけにいかない。カズッチのことが心配だから。カズッチが行きたいところに行けばいいよ。コーノはどこまでもついて行くから」

カズッチはそれ以上何も言わず、民家の間や原っぱを同じ歩調で歩き続けるのです。足の早いカズッチですから、全力で走れば私を撒《ま》けることをわかっているはずなのに、決して歩調は変えませんでした。ひとしきり歩き回った後、カズッチは校庭の階段にうなだれたまま座り込みました。私は、カズッチの隣に腰をかけ、カズッチの体に私の着ていたジャンバーを脱いでかけ、声もかけずに黙ったまままずっとそばにいました。心の中で、「カズッチを一人にしない。けっして見捨てない」のメッセージを伝えたいとひたすら思っていました。

カズッチが何かに苦しんでいることはわかっているけれど、その苦しみがどこからきているのか探っていくしか、カズッチを救い出せないと思っていました。

❖カズッチのつらさが見えてくる

カズッチが気を失うほど暴れるたびに、「カズッチのことを心配しているし、カズッチを

守っていこうと思っているから、何でも話してね」と声をかけ続けましたが、そのたびに、「ウッセー、ババアにはカンケーねえー」と繰り返すカズッチでした。そのカズッチが、落ち着きを取り戻すと、ポツリポツリ心の内を話すようになりました。

「きのう、オレの誕生日だった。ホントは三人（母、弟、カズッチ）でいたかった。オレの誕生日だから、オレの食べたいものを食べたかったのに、母親の彼氏が決めた。嫌だった……」

カズッチは、自分の存在が遠くに追いやられているような寂しさを語りました。お母さんに話すと、カズッチはそんなそぶりは一切見せず、母親の彼氏にプレゼントを買ってもらい、「大好き」とベタベタ甘えて上機嫌だったと言うのです。自分の思いを胸深くしまい込み、お母さんに気を遣い、お母さんの彼氏に気を遣っているカズッチの姿が見えてきました。

カズッチの様子を毎日のようにお母さんと伝え合いながらわかってきたことは、お母さん自身も生活に追われて心身ともに疲れ果て、カズッチから話しかけられてもシカト（無視）していた時期があり、「カズッチには申し訳ないことをした」と話してくれました。

お母さんは日曜も仕事なので、近くに住む祖母にカズッチと弟を預けています。離婚して親の近くに住んでいるとはいえ、お祖母ちゃんも具合が悪いこともあり、お母さんは気兼ねしながら子どもたちをお祖母ちゃんに預けているという状況でした。

カズッチは、月曜から土曜まで毎日夕方六時半まで学童で過ごし、家に帰ってからは八時半には就寝という生活です。お母さんと共に過ごす夜の時間は二時間のみ、しかもそこにお母さんの彼氏の存在があるのです。想像しただけでも、カズッチにとって家庭の生活は、心安らぐ場ではなかったことが見えてきました。

❖学校に行きたくない

お母さんからは、五年生になってからカズッチが毎朝、「学校に行きたくない」と学校に行き渋っていることを聞いていました。カズッチが暴れたあと、

「オレは、学校で先生に恥をかかされた。学校になんか行きたくねえー」

と涙ながらに訴えたこともありました。

「コーノから学校の先生に、カズッチのことを話しに行ってこようか?」

とたずねると、小さくうなずきました。

カズッチの様子を聞きに学校に行きました。カズッチの担任の先生を含め、五年の先生方と話し合いました。学童での五年になってからのカズッチの様子を一通り伝えると、五年担任の四人の先生は、

「学校でのカズッチくんは全く目立たないおとなしい子どもです。名前はわかるけど、名前と顔が一致しないような……大きな声を出すとか、暴れるとか、学童でのそんな姿は全く想像

もできません」

と口をそろえました。担任の先生から話されたことは、

「彼は、読み書きが劣っています。読み書きについてはクラスで一番劣っています。それは、本人の努力の足りなさです。あと偏食が多く、給食で野菜を食べません。体が成長する時期でもあるので指導しています。甘えがあるので克服できないんです。足はクラスで一番速いのですが、彼はそれを何かに生かすということができません」

担任の先生から、学力評価上で否定的な言葉のみが発せられ、胸がつまりました。私は、カズッチが学校で恥をかかされたと言い放っていたことが気になっていたので、思い切って、担任の先生にたずねました。

「本読みのとき、手を挙げない子どもがいるので、そういう子どもにも（読みの）経験をさせるためにわざと当ててます。彼を当てたら案の定、家で練習していないから全く読めなかったんです。だから一日立たせたんです。それを、自分の努力の足りなさを棚に上げて、恥をかかされたと人のせいにする、彼はそういう子なんです」

そう、平然と言い放ってしまう先生に、私はたまらず、

「全くやる気がないわけじゃないいんです。やろうとして宿題のノートを開くときもあるんです。できないとわかった瞬間に、ノートを閉じるんです。『一緒にやろう、わからないところは教えるよ』と声をかけていますが、『いい！』とあきらめてしまいます。カズッチはできない自分と向き合うことがつらいんだと思うんです。何とか周りが手を差し伸べれば、やる気が起きてくると思います。大人だって、できないことはできない、周りの支えがあってはじめて乗り越えられることがあるじゃないですか。自信を失っているカズッチには、周りの支えが必要なんです」

私はすがる思いで、必死にカズッチのことを伝えました。「学力のなさは、本人の努力のなさ」と言い切ったら、「学校の教師の仕事は何？」と言いそうな言葉をギリギリで呑み込みました。

カズッチが学校で「力のなさは努力のなさ」と責められ続け、かといって、手助けを受ける

でもなく、存在そのものが否定され、見捨てられ感を抱えてきたんじゃないかと、胸が痛みました。

❖耳を疑った担任教師の言葉

家でも複雑な関係の中で気を遣い、安らぎの場とはいえない。かといって、学童も児童数が九〇名を超える騒々しさの中でゆったりと心身を休める空間ではない。学校では、不安を抱えながら、息を潜めて机に座っているにもかかわらず、力がないことで痛めつけられ、追い詰められている。カズッチの言動は、周りから見れば理解しがたい言動ではあるけれど、カズッチの精いっぱいの訴え＝ＳＯＳではないかと思えたのです。

カズッチの抱えている辛さをわかってもらいたい、学力についての手助けをお願いしたいという思いで、その後も担任の先生と何度か話し合いをしましたが、

「カズッチくんが学校では暴れないのに、学童で暴れるのは学童の問題です。呼び捨てにするとかが影響しているんじゃないですか」

話し合うたびにむなしさだけが残りました。あげくは、カズッチのお母さんと私に、

「学童では六年まで見ていくのでしょうが、私はあと一カ月ですから、あと一カ月は見ますが……」

担任の言葉に耳を疑いました。カズッチじゃなくても、私だって暴れたぞ！　と怒り心頭でした。心底カズッチの今まで抱えていた辛さに胸が痛み、もっと早くカズッチの辛さをわかっていれば、こんなに苦しめずにすんだかもしれないと、自分の力のなさを悔い、胸が張り裂けそうでした。

カズッチの行動を、医療の専門機関に相談したことがありました。

「その状況は、学習障害があり、自信をなくして二次障害を引き起こしていることが考えられます。気を失うのは、過呼吸発作でしょう」

ということでした。カズッチが、存在を否定されず、自分の存在が他者に認められていることの安心感を持てるような関わりが必要であることを、お母さんと指導員とで話し合いました。

❖「私を抱きしめて」と泣くお母さん

お母さんは、カズッチが荒れているのは、自分がカズッチから気持ちが離れていたのかもしれないと、彼氏と別れました。でもお迎えのとき、時々指導員室に来て、「私を抱きしめて」と言いながら泣くことがありました。

「お母さんはがんばってるよ。仕事も子育てもホント、よくがんばってるよ」

と抱きしめると、子どものようにオイオイ泣きました。

誰だって一人では乗り越えられないときがあるし、誰かに寄りかかりたいときもあります。経済的な困難もありながら、思い通りにいかない子育てに必死で向き合おうとしているお母さん、そんなカズッチのお母さんと共にカズッチを守っていこうと思いました。

その後も相変わらず悪態をつき、反抗し、暴れるカズッチだけど、合間では遊びやお出かけしたときに、

「ねえー、コウノー、ずっとここにいろ！　ここにいるだけでいいから」

離れずベッタリくっついているなど、甘えるようになっていました。遊びの合間にも、「ここが痛いから手当てをして」と一日何度も指導員に求めてくるのです。

「大丈夫？　あんまり動かさないほうがいいよ」

とシップを貼ったり、薬をつけるとうなずき、安心したように仲間の遊びに戻って走り回る……。それも毎日、何度も繰り返されました。

私たち指導員は、カズッチの行動を肯定的に受けとめていくことを話し合いました。ささいなことにも、「カズッチ、ありがとうね」「カズッチ、すごいね」「カズッチ、がんばってるね」の言葉をかけ続けました。

「カズッチは大きくなったら、何になりたいの？」

とカズッチにたずねたとき、ハッとして、しばらく考え込んだ後、

「オレは悪い人になるかもしれない……」

とつぶやいたことがありました。カズッチは自分の将来をゆったり考える機会もなかったし、改めて考えたときには自分に自信はなく、将来のことまでも希望を失っていました。

「カズッチのことを絶対に悪い人にはさせないよ。コーノもお母さんもカズッチが悪い人にならないように守っていくからね」

と声をかけると、こっくりとうなずきました。

❖カズッチの変わりどき

もうすぐ五年生を終え、六年を間近にした三月のある日、学校から帰って来たカズッチと一緒にブロックで遊んでいると、カズッチの方から、

「ねえー、オレがちょっと変わったことがわかる？　大きい声を出さなくなった」

と突然、切り出してきました。

「どうして変わろうと思ったの？」

とたずねると、

「このごろお母さんもうるさくなったし（シカトされていた時期があったカズッチにとって、「うるさい」というのは、自分に関心を持ってもらっていることなのかもしれません）、この前、くー

ちゃんのお母さんとも話したから……」

ついこの前、重度障害のあるくーちゃんを押し倒したことで、くーちゃんのお母さんもいっしょにカズッチに、くーちゃんの障がいのことも含めて泣きながら話してくれました（くーちゃんのことは216頁〜）。そのときにカズッチは泣きながら、「どうしてオレだけが我慢しなきゃいけないんだ」と言ったそうです。くーちゃんのお母さんは、子どもはどの子も守られるべき存在であることをカズッチのお母さんに話し、カズッチを叱らないでほしいと言ってくれたようです。

「そうか、お母さんがカズッチのことをうんと心配してくれていることを感じたんだね。くーちゃんのお母さんの言葉も心に響いたんだね。みんながカズッチのことを大事に思ってくれているね」

「うん、祖母ちゃんも誕生日じゃないのにボーリングに連れて行ってくれた」

カズッチは、自分の存在が他者に大事にされていることを実感したときに「変わりたい」と一歩を踏み出しました。

そんなカズッチでしたが、六年になったばかりの土曜日、仕事休みの私に、学童から連絡が入りました。カズッチが暴れているとのことで、すぐに駆けつけました。カズッチと話し込み、

「学童が嫌だったの？」

と尋ねると、

「嫌なのは、学校だ」

と言います。

「学校の何が嫌なの？」

「勉強が死ぬほど嫌いだ」

「でもカズッチは、学童で二年の子たちに宿題を教えてあげたりしてるじゃない。ということは、勉強が嫌いなんじゃなくて、今習っている六年の勉強が難しくてわからないから嫌だっていうことなんじゃない？」

と言葉をつけ加えると、深くうなずきました。

「コーノから担任の先生にお願いしてみようか」

と話すとうなずき、安心して落ち着きを取り戻し、仲間の遊びの中に戻って行きました。

六年担任の先生と話し合いを持ち、五年生のときの状況をていねいに伝え、今の宿題がカズッチの負担になっているようなので、何とかご配慮いただきたいということをお願いすると、

「私も、クラスの数人には負担になっているのではないかと思っていました。カズッチくんがそうだとわかったので、私の方でカズッチくん用の宿題を準備します」

と快く受けてくださいました。そして、

「放課後、校庭でカズッチくんが学童の年下の子どもたちと一緒に遊んでいる姿を見ているので、夏祭り集会の縦割り活動の班長に抜擢しました」

と話してくださいました。やっと、学校と家庭と学童でカズッチが安心して生活できる環境を整えていこうということが確認し合えました。

❖周りの親たちの支えの中で

保護者会や「学童通信」で子どもたちの様子を伝え聞いている学童の親たちがカズッチのことを気にかけ、送り迎えのときにあちこちで声をかけてくれるようになりました。幼い頃から困難を抱えながら育ってきたと話したことがあったアッくんのお母さんが、

「カズッチは、私の小さい頃と同じ目をしていて気になってしかたないんだよね。コーノ、私からカズッチに声をかけていいかなー」

とカズッチに声をかけてくれるようになりました。カズッチのお母さんが日曜にも仕事だとわかると、アッくんのお母さんが、

「おい、カズッチ！　今度の日曜もお母さんが仕事なんでしょ。家に来るか？　アッくんたちと一緒にプールにでも行くか？」

少々ぶっきらぼうに、でも温かく声をかけてくれ、家族ぐるみでカズッチ親子を支えてくれ

6年生になってカズッチの表情も穏やかになってきた頃、「オレがコーノを描いてあげる」と言って描いてくれた絵。私の宝物です。

ました。

また、年下の子どもたちがカズッチの威圧的な言動に脅えていることが気になっていたハジメくんのお父さんが、親子会議の中で、

「カズッチくん、学童好きか？　おじさんと同じだな。おじさんも学童が大好きなんだ。それに、おじさんもガキ大将だったんだよ。ガキ大将はな、仲間を痛めつけちゃ駄目だぞ。ガキ大将は仲間を守るものなんだぞ。男同士、これから困ったことがあったら、何でもおじさんに相談していいぞ」

と話してくれました。周りから目を向けられている（守られている）という安心の中で、カズッチは変わっていきました。つい最近、一緒に遊んでいたマキが仲間に責められて、キレて暴れたのを見てカズッチが、

「マキも誰かにかばってもらいたいんだな。オレも前、キレて暴れていたときがあったからわかる」

と言うカズッチの目が穏やかでした。一年前、「人の気持ちなんてカンケーねー！」と怒鳴

りつけていたカズッチの姿はそこにはなく、他者理解を見せるのでした。

❖マット運動でみんなの「あこがれの存在」に

遊びにも変化がみえました。「ドッジボールをしても自分にボールを当てさせないように脅す」「鬼ごっこをしても自分が鬼にならないようなルールにする」「自分のできない遊びはしない」、それがカズッチの三大モットー（？）だったのに、できない遊びにチャレンジし始めたのです。「失敗しても大丈夫」「守られている」（自分の存在が認められている）という安心感が心を満たし、気持ちが落ち着いてくると、新たなことにチャレンジする挑み心と集中力も内から湧き起こってきます。

タイミングよく、この頃、運動大好きな男性指導員サジキくんとの出会いもきっかけで、もともと運動能力の高いカズッチがマット運動に興味を持ち始めました。サジキくんに補助をしてもらいながら、毎日毎日学校から帰って来ると、マット運動の練習に明け暮れ、ハンドスプリングやバック宙転などをマスターしていきました。

「すっげー、カズッチくん、かっけー（かっこいい）、オレも、カズッチくんみたいになりたい！」

年下の子どもたちがカズッチに続き、マット運動の練習の順番を待ち、次第にその列も長く

なっていきました。一年前、「カズッチくんが怖いから学童に行きたくない！」とカズッチを怖がり、敬遠し、腫れ物のように近づこうとしなかったことがうそのように、カズッチが「あこがれの存在」になっていったのでした。

六年生の卒所式に、指導員は六年生のひとり一人にメッセージを贈りました。私は、

「この三年間、カズッチは、母ちゃんと弟を守りながらよくがんばってきたね。カズッチもつらいときがあったけど、そのときに家族や仲間や指導員、そして学童のお父さん、お母さんに支えられて乗り越えたことを大事にして欲しい。これからそばにいられないけど、悪いことをしそうになったらコーノの鬼の顔を思い出してよ。コーノは、カズッチのことをこれからもずっと心配してるし、大事に思ってるよ。いつ

でも、学童に戻っておいでね」

涙と鼻水でぐしゅぐしゅしながら、メッセージを伝えました。カズッチは人並みはずれてテレやだし、かしこまったことは嫌がるから、カズッチからのお返しメッセージはないものと、指導員は全員思っていたのですが（事前に、「オレは絶対に挨拶はしねぇー」と言っていました）、カズッチが保護者や子どもたちの大勢の前で挨拶を始めました。

「オレは、学童でいやなこともあったけど、オレは今まで学童にいられてよかったです。先生たち、みんな、ありがとうございました」

思いがけないカズッチからの感謝の言葉でした。今までのカズッチとの、あの〝たたかい〟の日々が全てチャラになるくらい、いやいやそんなものものとうに超えてしまうくらいの感動でした。散々てこずらせたカズッチだけど、「学童にいられてよかった」と思ってくれたことで、やっと学童の役割を果たせたのかなと思いました。

❖卒所後に知るカズッチの優しい一面

カズッチが卒所して二年が経ち、最近になって、五年生のレイナが、

「ねえ、私が学童に五年間いた中でうれしかったことはなんだと思う？」

とたずねてきました。

「あのね、私が五年間でうれしかったことは、遊ぶ友だちがいなくなってポツンと一人になったときにカズッチが、『オレたちと遊ぶ？』と声をかけてくれたことなんだよね」

レイナの言葉にハッとしました。カズッチが気を失うほどに暴れていたときに、カズッチがこんな優しい一面を見せる場面があったにもかかわらず、見落としてきたことに心が痛みました。そのことをどうしてもカズッチに伝えたいと思いました。中学生になっても時々学童に顔を見せてくれるカズッチです。走ることが得意なカズッチは、指導員に中学校での運動会を見てもらいたくて、その連絡で学童に顔を見せました。大人に対していちばん口数の少なくなる時期を迎えているカズッチに、レイナのことを伝えました。

「レイナの言葉を聞いて、改めてカズッチはすごいヤツだったんだなーって思ったよ。あのときに、そんな姿に気づいてあげられなくてごめんね。カズッチは学童になくてはならない存在だったなーって、今も思っているよ」

と話すと、カズッチはうつむきかげんに一点を見つめて、私のほうを向いて大きくうなずきました。

どんなかかわりにくい子どもであっても、必ず変わっていく。今のままじゃない。成長していく存在であることを、子どもたちがこうして教えてくれるのです。

実践③

ソウくんが人への安心と信頼を取り戻すまで

――「人の子もわが子」という保護者たちに守られて

ソウくんは、祖父母と父親の四人暮らし。母親に放置された幼児期をくぐってきたソウくんは、学童に入所以降、周りとのトラブルで毎日泣き叫ぶ日々。攻撃してきたかと思うと、無理難題を押しつけて依存するの繰り返し。人を寄せつけようとしないソウくんに指導員はどう関わればいいのか頭を抱える。お祖母ちゃんや父親の思いを聴き取りながら、ソウくんとの関わりを探る。タッくん親子とのつながりを通して、ソウくんに変化が見えてくる。

❖大声で泣き叫ぶソウくん

一年生で学童に入所した頃、学校から帰って来ると、

「学校は楽しいけど、勉強がいやだ！　学校より学童がいい！」

ハキハキと自分の思いを物怖じすることなく大声で話し、学童の生活にすぐになじんだかのように見えていたソウくんでした。

ところがそのうち、ソウくんを中心としたトラブルが毎日のように続き、ソウくんが大声で相手を怒鳴りつけ飛びかかり、泣き叫ぶことが繰り返されました。

ソウくんの泣きようは、「寄るな、触るな、近づくな！」と言わんばかりで、指導員が駆け寄り、「ソウくん、どうしたの？」と声をかけたとたんに、「うっせー！　ババア！」と怒鳴りつけ、人を寄せつけようとしません。攻撃的なソウくんの泣きように、指導員も思わず踏み込むことを躊躇し、立ちすくんでしまうのです。落ち着いた頃合を見計らって聴き取ると、ソウくんは、

「遊ぶ約束をしたのにオレと遊ばないって言ってきた。コイツがオレとの約束を破ったんだ！」

と言い張り、一方、周りの子どもたちは、

「遊ばないじゃなくて、他の友だちも一緒に遊ぼうって言ったら怒ってきた」

と言う。遊び相手を特定して他の子どもと遊ばないように脅し、縛りつけたり、思うようにならない友だちは容赦なくバッサリと平気ではずす。遊びのルールを自分の都合のいいように

変えるなど横暴なので、周りがつまらなくなって遊びを抜けると、「バカ！　ウルセー、お前なんか死ねー！」「抜けたらぶっ殺す！」などと執拗な嫌がらせを続けるか、殴る蹴る罵倒するなどの容赦ない攻撃を向ける。指導員も、大声や泣き声が聞こえてくると、「また、ソウくん？」、思わずため息をもらしてしまうほどの理解しがたい言動でした。

私がトラブルの仲裁に入り、

「○○ちゃんも他の子と遊びたいときもあるんじゃないの？」

と相手の気持ちを代弁しようものなら、

「ウルセー！　お前の話なんか聞きたくねえ！　コーノなんか絶交だー！　一生オレに口を聞いてくんな！　今すぐ死んでほしい」

一日何度も絶交を言い渡され、こちらの思いは全く通用しないのです。また、ソウくんにとっても「今すぐ死んでほしい人」が目の前にちらつくのは、安心できる状況ではないのです。ソウくんが安心できるつながりをつくるには、まず私自身が、ソウくんが何に喜びを感じ、何に不安を抱いているかを理解することから始めようと思いました。

私自身の見方を変え、ソウくんを目で追っていくと、友だちの周りを、「どうせ、僕を入れてくれないんでしょ？」と不安そうにまとわりついたり、学童の帰り際に、「明日はオレと遊ぶ？　ほんとに？　絶対？　絶対なの？」と、何度も明日の遊び相手を確認するソウくんがいました。その姿を見て、「ソウくんなりに必死で友だちとのつながりを探っている」と思えるようになりました。

また、マフラー作りを一緒にやっていると、「お父さんに作る、次はお祖母ちゃんに作ってあげる」と自分のことはさておき、家族を思いやる優しさも見えてきました。相変わらず周りとの関係がうまく運べずトラブルの多いソウくんではあるけれど、友だちを求めているこの願いをこそしっかり支え、ソウくんの持つ優しさを学童の生活の中で引き出すよう関わっていこうと思いました。

❖お祖母ちゃんの涙

ソウくんは、父親が夜勤で迎えに来られないときは、お祖母ちゃんが迎えに来ます。ソウくん手作りのマフラーを手渡され、うれしそうなお祖母ちゃんに、その日の様子を伝えました。

「ソウくんがお祖母ちゃんのことを大事に思っていてくれることがうれしいね。ソウくんは、今は周りとのぶつかりも多いけど、ぶつかることで相手の気持ちに触れ、感情のやり取りをしながら人間関係を学んでいるところだからね。育つ上で、ぶつかりも大事な経験だから。そのたびに学童でちゃんとソウくんとも周りとも話し合って対応してるから大丈夫だよ」

と伝えると、

「はじめて、ここ（学童）でソウのことを理解してくれたよ。保育所でも学校でも〝困った子〟だと言われてきた。そうだね、ソウは一人っ子で経験が浅いから、大事なことをいま学んでいるんだね……」

お祖母ちゃんは涙を流しながら、これまでのソウくんの生い立ちを話し始めました。

――ソウくんが二歳のときに息子家族と同居を始めたが、お祖母ちゃんが仕事を終えて家に帰ると、暗闇の中に、食品の入った紙袋がテーブルの上に置いてあり、ポツンと一人でソウくんが座っていて、母親は寝ていて驚いたこともある。どうやら母親に十分面倒を見てもらえないままに育ってきたらしいこと。

ほどなく息子夫婦は離婚したが、保育園にお祖母ちゃんが迎えに行っても、ソウくんは泣きながら逃げ回るだけで、血のつながりがある自分にさえ心を開いてくれないことが切なかったこと。母親と別れたばかりのとき、父親が夜勤で一週間留守にする夜は、毎晩泣き続けて眠ろうとしなかったほど、不安を抱えていたこと。

いろいろやっかいなことをしでかすけれど、お祖母ちゃんとしては、孫がこうして自分に心を開いてくれるようになっただけでもうれしいこと。そして学童の指導員がソウくんのトラブルも、こうして温かく見守っていてくれることが何よりうれしい……。

お祖母ちゃんは溢れる思いを涙ながらに語り続けたのでした。

❖ソウくんの頭痛の原因

一年生の秋、ソウくんの担任の先生から学童に電話がかかってきました。

「ソウくんは学童ではどうですか？　学校ではトラブルばかりなんですけど……。トラブルの原因をつくり出しているのは、いつもソウくんの方なんですよね」

困り果てている様子が、先生の口調から伝わってきました。

ソウくんのトラブルは学童でもあるので、私は、担任の先生に共感しながら、「それでもソウくんは決して友だちを遠ざけているわけではなく、むしろ友だちを求めていること、けれどうまくいかないことでソウくん自身がもがいているに違いないこと、指導員としては、今はソウくんが、ぶつかりながら人間関係を学んでいると捉え、ソウくんの思いを聴き取ることを大事にしながら、長いスパンで援助していこうと思っている」ということを伝えました。

この頃、あの声のでかい元気印のソウくんが学童に帰って来たばかりのときは何でもないのに、夕方になると決まって、「頭が痛い」と体の不調を訴えるようになりました。おやつもお代わりするし、熱があるわけでもない。ベッドからビデオに見入っているソウくんに私から、「何か気になってることがあるんじゃないの？　心配なことがあったら話してもいいよ」さりげなく声をかけると、ソウくんは沈んだ声で、

「今日も、学校から家に電話がくるかもしれない。学校から家に電話がくると、必ずお父さんがオレを怒る。今日も家に帰ったら電話がきてお父さんに怒られるかも……」

学校で問題があると、担任の先生から時折、家に電話があり、学校でのトラブルの事実が伝えられると、お父さんは学校で迷惑をかけているわが子を何とかしなきゃと、親の責任を感じてソウくんを怒鳴りつける、その不安がソウくんの頭痛の原因らしいのです。お父さんもソウくんも追い詰められている状況であることを察しました。

❖精いっぱい息子を守ろうとしているお父さん

お迎えのときに、ソウくんの抱えている思いを、お父さんに伝えました。

「学校で先生に指導を受けたにもかかわらず、その上また家に帰ってからも、大好きなお父さんに怒られるのは、ソウくんにとってはきっと辛いんだと思うよ。ソウくん自身も、学校でなかなかうまく関係を結べないことに戸惑っているだろうし。でも先生から、『家で何とかしてください』と言われたら、親としての責任を感じて何とかしようと、ソウくんを怒るしかないものね」

口数の少ないお父さんが、黙ったまま深くうなずきました。

お父さんに、その日発行したばかりの「学童通信」を渡しました。ちょうどソウくんのことを書いていたのです。内容は、校庭で遊んでいたソウくんが室内に入ってきたとき、目が潤んでいることに気づいた私が、「どうしたの?」と声をかけたら、トラブルの経緯を話した後にソウくんが泣きながら、こう言ったのです。

「ホントはオレは相手に『死ね』って言いたかったけど、違う言葉に変えたよ。死ねって言わないで『モッチーくんのしもやけが治らないように!』(しもやけを心配していたのに損した)って言ったんだ」

ふだん、指導員から、「死ねって言われると、存在を否定されたようで辛いよ」と言われていたことを覚えていて、とっさに言葉を変えたのです。ソウくん自身がみずから変わろうとしていることを、私が感じた場面のエピソードでした。

また、ハジメくんのお父さんがソウくんについて、「うちの子もけっこう明るいと思っていたけど、ソウくんのあの明るさと声のでかさは天下一品だよね」「太鼓判つきの明るさを持つソウくんは憎めないヤツです」と書いています。その「通信」をお父さんに手渡しながら、「学童でのソウくんは、こうして変わろうと頑張っているし、こんなによそのお父さんに太鼓判を押されるくらい明るいソウくんに育てているんだから、お父さん、子育てに自信を持っていいんだよ。今のソウくんなりのガンバリを一緒に支えていこうよ！　私からも担任の先生にソウくんのことをもっと伝えていくね」

そう話すと、お父さんは目を潤ませ、何度もうなずいて、ソウくんの頭を撫でまわして帰って行きました。翌日、ソウ君は、

「きのう、お父さんはオレを怒らなかったよ。『ソウもがんばっているんだな』と言ってくれたよ」と報告してくれました。

次の日のお迎えが、いつもより遅かったお父さんが、

「今、学校に行って来たよ。オレは口ベタで担任の先生にうまく伝えられないから、コーノせんが書いてくれた学童の『通信』を渡して、『学童でソウもこんなに変わってきているし、こういうふうに見てもらっているんです。これを読んでみてください』と先生に言ったよ。オレは口ではうまく伝えられないから、『学童通信』を渡すしかできなかったけど……。コーノ

せん、ありがとう」

涙ぐみながら、お父さんは頭を下げました。まだ若いお父さんが自身ももがきながら、トラブルばかり起こすわが子の苦情を一身に受け、怒ったりなだめたりしながらも、精いっぱいに息子を守ろうとしている……私は、こんな親の思いに触れるたびに、ソウくんを共に守りながら、このお父さんのわが子への愛情をも支え、応援していこうと、覚悟を固めていくのです。

❖弟分タッくんとの出会い

二年になったソウくんが、入所式で一年タッくんに「よろしくね」と声をかけながらプレゼントを渡したことがきっかけで、「オレたちはメタボ兄弟だよな、一緒に遊ぼう！」と声をかけ合い、二人で行動することが多くなりました。

ソウくんは、学校から帰って来ると、一足先に帰っているタッくんに、

「おい、タッくん来い！　遊ぶぞ！」

いつも一緒に行動している二人ですが、遊びに夢中になるとソウくんのペースになってしまい、

「ちげえんだよー！　そうじゃねえーよー！」

と声を荒げていることがあるので、タッくんが力関係に押されて自分の思いを抑えているの

ではと、気がかりでした。土曜の午後も、他の一年生の男子たちと次々にトラブルを起こして、ソウくんが一人で室内に戻ってきました。室内に私と二人になったので、ゆっくりソウくんの緊張をほぐそうと思いました。

「ソウくんの大好きなビデオの『猫の恩返し』をのんびりとゴロンしながら見てみる?」

私の方から毛布をさし出すと、

「コーノは、今だけは頭がよかった!」

上機嫌でテレビの前にゴロンしました。ところが、ちょっと側を離れてトイレに行こうものなら、

「コーノー! ここにいてー! コーノー! 早くー! コーノー」

大声で叫び続け、ひと時も側から離れさせないのです。これまで誰かを排除して、誰かを無理にでもつなぎ止めようとしてトラブルを繰り返しているソウくんが、一人にはなりたくない不安と寂しさを抱えていることをこのときも感じとりました。離れず側にいると、今度は大きな声で、

「歌を聴きたいから、歌にしろ! 早くしろ! ちげえよ! まだ後ろだよ」

舌打ちするソウくんに、

「大声で人を怒鳴りつけたり、命令したりすると、コーノは嫌な気持ちになるんだけど……。

他の友だちもそうなんじゃないかと、コーノは思うんだよ」

とそっと語りかけると、

「そんなのわかってる、全部わかってる」

ソウくんは視線を落とし、静かにつぶやきました。

「そっか、わかってるソウくんは偉いね。なかなか自分のことに気づけないことの方が多いからね。わかっててもすぐに変われるものじゃないしね、ゆっくりでいいね……」

そんなやり取りがあった後、ソウくんはタッくんに向かって、

「缶けりのやり方がわかる？　わからない？」

と丁寧にルールを説明しているのでしたが、つい怒鳴りそうになると、「あっ！」「あっ！」と声を出し、自分の言動を制止していることが、側にいる私にも伝わってきました。わかっているけれど、なかなか自分をコントロールできないソウくんを支えながら、一方でタッくんの言葉に出せない思いも支えていく必要があると思っていました。タッくんには恐竜作りや遊びの合間など、ことあるごとに、

「タッくんは、自分の気持ちを相手にちゃんと伝えていいんだよ。言えないことがあったらコーノもお助けマンになるからね。そのときはタッくんのお手伝いをするね」

と伝えました。数日後、タッくんは、

「僕は今日はソウくんと遊びたくない。他の人と遊びたい……」

と切り出しました。案の定ソウくんは大声で、

「うっせー、タッくんのバカ～」

と泣き叫ぶと、近くにいたジュンくんが、

「そんなことを言うと、タッくんがかわいそうだよ」

「そんなことわかってるよ～」

大声で泣き叫ぶという葛藤の中で、やがて気持ちに折り合いをつけたのかソウくんは、

「タッくんの遊ぶ人がいなくなったら、いつでもオレのとこに来てもいいから」

とタッくんに伝えました。タッくんの存在を大切に思うことで、ソウくんは他者に対する理解を広げていくのです。

❖タッくんのお母さんへの信頼

タッくんのお母さんはお迎えのときに決まって、ソウくんに温かい声をかけ続けてくれました。最初の頃、ソウくんは身を硬くし、私の背中に隠れながら、タッくんのお母さんの声かけに「ああー」と警戒し、目も合わそうとしませんでした。毎日、タッくんのお母さんと伝え合うときに、

「ソウくんって、ホントにいい子だね。根の優しい子だってことがわかるよ」

と手放しで褒めてくれることが私もうれしくて、ソウくんに伝えずにはいられないのでした。

「タッくんのお母さんが、ソウくんのことを優しい子だって言ってくれたよ。休みのときにタッくんの家に遊びに来てもらって、家族みんなで遊ぼうだってさ」

とソウくんに伝えると、タッくんのお母さんが迎えに来ることを今か今かと待っていて、わざわざお母さんの前に立ち、モジモジしながら、

「タッくんのお母さん、あのね、コーノに聞いたんだけどね」

とみずから切り出しました。

「そうそう、ソウくんとお父さんと、今度うちに遊びにくればいいよ……一緒に遊ぼうよ」

「あのさー、オレね、お母さんがいないんだ。オレが赤ちゃんのときにお父さんとお母さんが離婚したから……」

「こんなオレでもいいの？」とばかりに、みずから自分のことを話しました。

「へえー、そうなんだ。うちもね、お父さんは単身赴任でほとんど家にいないからタッくんと同じだね」

こんなときもさりげなく、さらりとタッくんのお母さんが話しました。

「ホント？　ホントに？　いいの？　お父さんに聞いてみるね」

ソウくんは手放しの喜びようでした。そのときのソウくんの安心しきった穏やかな表情に、私は思わず胸がいっぱいになりました。自分の存在が認められていることを実感したから、人に対する警戒心も解け、自分の弱さも投げ出せたのだろうと思うのです。

❖関係の修復を重ねて

ソウくんは他の子どもとトラブルになり、一人になると、私を遊びに誘ってきました。そして、ズルっこ（ずるさ）をしたり、無理難題を投げかけながら試しを仕掛けてきました。

「コーノー！　人生ゲームをするぞ！　早く！」

ゲームを進めるうちに、

「ちげーよ、お前はここだよ！」

人の駒を勝手に動かすし、自分のルーレットを回す番になると、

「あれっ？　わかんないからもう一回やっていい？」

ととぼけて大きい数になるまで何度も回すし、私が先に追い越しそうになると、

「ちげーよ！　ここだよ、こんなことも知らねえの？」

とごまかして、自分が優位に立つようにする。一緒にやっている相手はちっともゲームを楽しめないのです。大人といえども、遊びではこっちも真剣です。

「ねえ、ソウくん……勝手にルールを変えたり、ズルっこしたら遊びがつまんないよ」

「ズルしてねーよ！　抜けたかったら抜けていいよ。その代わりお前がこれを全部片づけろ！」

「ゲームを抜けるって話じゃなくてね、ゲームを楽しく続けるために……ってことだよ」

「別に、いいよ、抜けたって！　その代わりこれを全部お前が片づけろ！」

そう言い捨てながら、ソウくんはわざと人生ゲームのお金やカードをそこら中にばら撒きました。このやりとりを近くで工作をしながら聞いていた一学年上のユウトがたまりかねた様子で、

「おい、ソウ！　お前がわがままだぞ。自分勝手なことばっかりしてるんじゃないよ」

言い聞かせようと声をかけると、ソウくんはますますガードを固くし、「うるせー！　だまれ！　ユウトくんは関係ないから口を出してこないで！　ユウトくんには言われたくないから黙ってて！」と大声を出しました。ユウトはムッとして、「黙ってられないんだよ！　ソウがあまりに勝手なことばっかしてるからだよ！」

ユウトが言い返すと、ソウくんは、

「コーノ！　お前が一人で全部片づけろ！」とコーノに押しつけてその場を離れました。これ以上、追い詰めないでソウくんの様子を見ることにしました（他指導員の話によると、ソウくんはこの直前にトラブルがあったようです）。

私が人生ゲームの片づけをしていると、ユウトがそっと側に来て一緒に片づけながら、「もう、アイツをホントに許さない！　何で、アイツはあんなに勝手なんだ！　絶対許せない！」

怒りがおさまらないにもかかわらず、「コーノはよくがんばったよ」と言葉をかけてくれました。

次の日、校庭から部屋に入ると、ユウトとソウくんが二人で机に並んで工作をしていました。

ソウくんの方からユウトに、

「ユウトくん、オレにガンダムの作り方を教えて！」

と声をかけると、ユウトは昨日のことは何もなかったかのように、快く「いいよ」と教えてあげたようです。ソウくんは、うれしそうに、

「ねえ、コーノー、ここはユウトくんに手伝ってもらって、ここはオレが自分で作ったんだよ」

と私に話してくれました。さらに、その次の日のことです。

「コーノ、人生ゲームをしよう！」

と私を誘ってくれ、ゲームを続けながら、

「コーノ、オレ、ズルしてないからね！　ズルしてないよ」

と何度も確認していました。

わがままもあり、ぶつかりもあり、言いたいことも言って……でも子どもたちはしなやかに立ち上がり、ゆるやかに関係を修復していきます。

❖無理難題を押しつけ、相手を試す

とはいうものの、自分の思い通りにいかないと相手に執拗な攻撃を向ける一方で、無理難題を押しつけながら「自分が本当に受け入れられるのか」という試しを繰り返し仕掛けてくるソ

ウくんでした。

「コーノ、コーノ……コーノ……来てー、早くコーノー来てー……」（あの声はソウくん）

校庭中に響き渡る大声で、室内から校庭にいる私を大声でずっと呼び続けるのです。「室内に他の指導員もいるんじゃないの？」と思いながら、「なーに？」と急いで駆け込むと、いきなり、

「ねえねえ、コーノ、オレにビーズの指輪を三〇個作って！」

「ええっ？　コーノが一人ではそんなにたくさん作れないから、ソウくんも一緒に作ろうよ」

「だめ、オレが作るんじゃなくて、コーノが作るの！　ねえ、お願い！　いいでしょ、絶対作って！」

こんなふうに無理難題を言ってくるのは、決まって他の子どもとのトラブルがあった後なのです。このときもそうでした。不安になると、無理難題を押しつけてきて試すのです。

そんなソウくんの要求に応じて、ダンボールの剣などは何本も作り続けてきたのですが、それもすぐに人にあげたり、捨てたりします。ところが、ガンダムの剣はかなりお気に入りで、お迎えが来て家に帰るバイバイのときは、必ず私のところに剣を持ってきては、

「ねえ、コーノ、この剣を明日まで預かっておいて。コーノは明日も学童にいる？」

「いるよ、毎日毎日学童に来るよ。毎日ソウくんを学童で待ってるよ」

「わかった……明日ね。学校から帰って来たらまた、この剣を出してね」と安心して帰って行くのでした。大事な剣を預けにくるのは「自分を大事に守って！」の存在確認のようでもありました。

「コーノの作った剣をこんなに大事に使ってくれてありがとね。うれしいよ」

「あったりまえじゃん！」

こんなうれしいことを言ってくれると、単純な私は、心がつながった気になって手放しで喜ぶのですが、ことはそう簡単にいくはずもなく、次の場面で、ソウくんとタッくんが二人で遊んでいるところをたまたま通りかかると、

「こっちを見んな！」

いきなり攻撃の目を向けられることになり、ガックリと肩を落としたりする日々です。

❖親同士のつながりの中で育ちを守る

人間信頼を育む乳幼児期に、母親の存在を確かめる間も与えられず離れてしまうことになり、大きな不安と、深い寂しさを背負ってきたであろうソウくんが、そう簡単に人に心を許し、信頼するはずもなく、自分が負っただけの傷を周りに放つ勢いで相手を容赦なく攻撃し、脅して束縛し、かと思うと、無理難題を押しつけ依存し、あの手この手で自分の存在が本当に大事に

されているのかを試し、確認する関わりを一つ一つ積み重ねる日々です。

それでも最近では、泣き方一つとっても、はじめの頃の攻撃的な泣き方（「寄るな、触るな、近づくな！」）ではなく、「コーノ、足を挫いて痛い〜」と身を投げ出してくるように変わってきました。気がつくと、「コーノなんて絶交だー！」はいつのまにか聞かなくなりました。ソウくんが周りとの関係の中で、人への安心と信頼を取り戻してきていることは確かです。

この前、お祖母ちゃんがこの二年間のソウくんを振り返りながらしみじみと話しました。

「ソウが学童に入ってこの二年間でホントに変わってきた（成長した）よ。ソウと同居してから、私がソウの面倒をみようにも、私も親（曾祖母）の面倒をみなきゃならなかったし、祖父との関係もあって、子育てに手を貸したくても貸せない状況だった。そこを学童で、ソウは、お母さん代わりにコーノせんに甘えたり、タッくんのお母さんに優しくしてもらったことで、ソウは救われてきたんだと思う。

学校から苦情の電話がくるときも、ソウを叱りつける以外どうしたらいいかわからなかったけど、学童の先生がソウのことをわかってくれ、『経験しながら学んでいるんだよ』と支えてくれたから、私たち家族は救われてきたよ。親が子どもを殺すニュースは他人事ではなく、うちの場合もあのままだったら家族だけではどうにもならなくて、ソウを殺すことになっていたかもしれない。家でのソウは、学童と違っておとなしくて何も話さないから、コーノせんがこうして学童の様子を伝えてくれてはじめて、ソウのことを私もわかることができたよ」
簡単に心をつなぎ合ってくれないソウくんと向き合うことと同じように、父親や祖母の言葉に耳を傾けることも大切にしてきました。親の悩みや苦しみ、わが子への願いを知ることで、指導員として子ども理解が深まり、子どもと親への援助のあり方（求めていること）が見えてきたのです。

そして、もう一つの大きな支えは学童の保護者たちです。

ハジメくんのお父さんは、「学童で、指導員や保護者たちとのつながりがなかったら、今の父子家庭の生活は成り立たなかった」と卒所するまで公言しつづけていた人ですが、そのハジメくんのお父さんが、ソウくんのお父さんとは親子ほど歳の違いがありながら、「同じ境遇だから……」と、ソウくんの入所以来ずっと、学童の行事や保護者会のたびにソウくん父子を誘い出してくれました。

さらにタッくんのお母さんは、「自分の子どもじゃないのに、人の子なのに、ソウくんを抱きしめたい衝動にかられるんだよね」と話してくれました。

「人の子もわが子」――家族を持つことや、維持していくことが困難な今だからこそ、家庭にだけ子育ての責任を押しつけるのではなく、大人たちの「手つなぎの安心」の中で、子どもたちの育ちを見守っていきたいと思っているのです。

実践④

心といのちを守る
――施設に保護されたマサキのこと

他地域から引っ越して来て学童に入所。血縁関係のない小母ちゃんと母とマサキの三人暮らし。しばらくして、マサキはＡＤＨＤ（注意欠如多動症）と診断される。衝動的な行動でトラブルが多く、近所や学校から苦情が舞い込むようになってから、子育てを担っている小母ちゃんの様子が変化する。マサキが、脅えながら生活せざる得ない状況が見えてくる。心といのちを守るための連携。

❖ＡＤＨＤと診断されたマサキ

三年生になるときに引っ越して来たマサキは、お母さんの友人という小母ちゃんと三人暮らしです。お母さんは、経済的な役割を担っていて、朝から夕方まで工場で働き、夜から明け方までは卜ラックに乗り、ダブルワークで働きづくめです。マサキの面倒は小母ちゃんが一手に引き受けています。最初の頃は、マサキのことはすべて小母ちゃんが担っているので、入所した当時お母さんと小母ちゃんの立場を間違えたくらいでした（学校も同じように思っていました）。学童に入所してきたマサキは、人なつっこく誰にでも自分から話しかけていくので、周りが戸惑ったくらいでした。

ところが、遊びの中で順番やルールがわからなくて、周りの子どもにとがめられると飛びかかって、「お前は学童をやめろ！」と言ったり、お腹を蹴る。ビニールバットで車や人をいきなり殴る。興奮すると暴れるので、興奮がおさまるまで抱きかかえて落ち着かせるなどの行動があり、小母ちゃんと伝え合って、医療機関で診断を受けました。その結果、二カ月後、ＡＤＨＤ（注意欠如多動症）と診断を受け、服薬を始めました。

学童でも当たりかまわず「バーか！　シーね！」と言い放ったり、わざと上級生が、「マサキ、殴ってこい！」「死ねって言え！」と言うと、言われるままに行動することでトラブルになりました。興奮しやすく、感情のコントロールが効かなくなるので、いったんスイッチが入り興奮すると、指導員の静止にも、「うっせー、ババア、死ね」と殴りかかる攻撃性もありました。

特に、朝の薬が切れるお弁当の時間は、いきなり隣の子の弁当から、から揚げやハンバーグを横取りして食べてしまったり、人のカードを勝手にポケットにしまいこんで自分の物だと言い張るなど、トラブルは絶えないのです。薬の飲み忘れや飲む時間は、マサキの行動に大きく影響するので、学校とは常に連絡し合い、担任と私はいっしょに直接病院にも行き、担当の医師にマサキの学校や学童での行動を伝えながら、薬の量や時間帯を相談し合いました。

❖小母ちゃんの不安

その頃、マサキが学校からションボリして帰って来ることがありました。

「元気がないけど、何か嫌なことがあったの?」

「学校で、僕はみんなに〝ボウガイ（妨害）〟って呼ばれているんだ……」

とつぶやきました。マサキは、「妨害」という意味はわからなくても、みんなに自分の存在が否定されていることを感じていたと思うのです。

「マサキは〝ボウガイ〟じゃないから大丈夫だよ。コーノはマサキのことを大好きだよ」

と抱きしめると、安心したように、

「一緒に野球をしよう!」

と気持ちを切り替えるのでした。

仕事に就いても長続きしない小母ちゃんは、午前中時間が空くと何かにつけ学童に来ては、

ずっとマサキのことを話し続けていました。特に、学校への不満が強く、

「担任の先生にADHDのことを理解してもらえない。マサキのできなさばかりが連絡帳に書かれるので、どうしたらいいかわからなくなる。特別支援学級で見てもらえた方がいいと思うが、それもできないようだ」

小母ちゃんの思いを伝えるために、一緒に学校へ話し合いに行きました。担任の先生も、

「授業の途中に教室から出て行って、女子トイレにこもったりします。二八人いるので、マサキくん一人につきっ切りにはなれません」

先生の苦労も察しました。学童では、他にADHDの子ども二名を含めて、障害のある子どもが八名いたので、保護者会の中でも小母ちゃんは悩みを投げ出し、周りの保護者たちとのつながりにも支えられていました。

学童のキャンプに小母ちゃんがマサキと一緒に参加したとき、マサキが他の子どものリュックからお金を取り出してジュースを買っていたことがわかり、小母ちゃんがマサキに向かって泣きながら怒鳴りつけたことがあり、それを見た他のお母さんや指導員になだめられて気持ちを取り戻したことがありました。

指導員は、マサキとの関わりの難しさをじっくり聴き取り、

「小母ちゃんもよく頑張っているよ」

と話すと、

「マサキもかわいいところもあるんだよね」

と笑顔になって帰って行くのですが、またしばらくすると、午前中学童に来ては、指導員相手に話し込む日々でした。薬を飲んでも行動の改善が見られないからと病院を変えるなど、小母ちゃんも悩みながら、マサキの子育てに熱心に動き回っていました。

❖マサキが家からいなくなった……

一年間は小母ちゃんもあれこれ口うるさく言いながらもマサキの面倒をみていましたが、子育ての経験がないところに加え、衝動的で何をしでかすかわからず、トラブルばかりを引き起こすマサキの面倒をみることが、次第に負担になってきているように思いました。

それは、たて続けに家に苦情が舞い込むようになったことがきっかけで、小母ちゃんは追い込まれていきました。

「近所の家に勝手に上がりこんで冷蔵庫のものを食べていたみたいで、怒鳴り込まれたんです」

「また、学校でクラスの女子を突き飛ばしたみたいで、夕べ、その女の子のお母さんから苦情の電話があったんです。言ってわかる子だったらいいけど、何度言ってもわからないから、

どうしたらいいのかわからない。三人（マサキ、母、小母ちゃん）で死にたい」

学童に迎えに来るなり、小母ちゃんは泣き崩れました。トラブルを次々に起こし、家に苦情が舞い込み、心身ともに疲れ、困り果てている様子が伝わってきました。

学校にも小母ちゃんと一緒に行き、学校で起きたトラブルについては相手方の保護者にも発達障害のことを理解してもらえるように力を貸していただけないかと、お願いにも行きました。その後、夜、八時頃になると、指導員に電話が入るようになりました。

「マサキが家からいなくなって、どこを探してもいないんです」

小母ちゃんからの電話で、指導員たちは車で急いで駆けつけて真っ暗闇の中を車で走り回ったり、川に下りてライトを照らしたりしながら探すのです。車をゆっくり走らせていると、バス停の暗闇の中からパジャマ姿のマサキが飛び出してきて、

「コーノ？　僕をコーノの家に連れて行ってください。僕に何か食べさせてください、お腹がすいてぺこぺこです」

と飛びついてくるのです。何度も同じ言葉を必死で繰り返しました。

それにしても、マサキがこんな真っ暗な中、家を飛び出すのには、よほどの理由があるのだろうと、車に乗せてから聴き取りました。

「マサキ、暗いところを歩き回るのは怖くないの？」

「怖いよ……」

「小母ちゃんがね、ここまで勉強しなさいとか、何時まで勉強をしなさいって言うから」

「小母ちゃんはテレビばかり見てて、僕の面倒を見てくれないから」

マサキの思いを小母ちゃんに伝えると、

「学校でも宿題をやっていなかったら休み時間なしでやらされるみたいだから縛ってでもやらせるしかない……」

マサキにきちんと勉強させたい小母ちゃんの強い思いがありました。宿題は学童ですませるようにしていたのですが、お迎えのときに途中までしか終わっていないと、小母ちゃんは不機

嫌になり、マサキがおどおどしていることが気になっていました。

❖お腹に意味不明な傷が

それからも、小母ちゃんが学童からマサキを自宅に連れ帰り、二人きりの時間帯になると、「マサキがランドセルを切り刻んだ」「教科書を引きちぎっていた」「服を切り刻んだ」「頭を刈りきっていた」など不可解な事件が起き、指導員は時間に関係なく、小母ちゃんからの連絡を受けました。

そのうち、「鉛筆を食べてしまったんだけど、どうしよう……」「画鋲を飲んでしまったんだけど、どうしよう……」と電話がくるのでした。この頃になると、小母ちゃんがマサキと二人でいることが負担で、小母ちゃんからの精神的なSOSではないかとわかってきました。そこで、マサキの近所に住んでいる学童のOBお母さんに様子をみてもらい、連絡を入れてもらうようにしました。

学童のお迎え時に、小母ちゃんが機嫌が悪かった日には必ずマサキが風呂場で泣き叫んでいると連絡を受け、駆けつけることもありました。夕方お迎え時に、いきなりマサキを怒鳴りつけるときは、

「大丈夫?」

と声をかけると、

「どうしても、コーノせんの家にマサキが泊まりたいというからお願いします」

と夜になると、ランドセルを背負ったマサキを連れて、小母ちゃんが私の家に来るようになりました。小母ちゃんの不安定さは見て取れ、マサキも脅えきっていました。

その頃、一日保育の朝、学童に来ておばちゃんを見送ったあと、マサキがロッカーに頭を突っ込んでお弁当をわしづかみで食べているなど、食事を与えられていないことがわかったり、さらに、マサキの服をめくって見ると、お腹に意味不明な傷を見かけることがありました。横腹に三本、指でえぐったような傷なのですが、マサキに、

「この傷はどうしたの？」

とたずねると、

「自分で転んで机にぶつけたの……」

と言います。

「えっ？　この傷は机でぶつけてできる傷じゃないと思うけど？」

と言うと、

「じゃあ、何の傷？」

と聞いてきて、マサキはみずから答えようとはしませんでした。

学童が休みの日曜や正月休みに、お母さんが仕事や用事で留守をして、家に小母ちゃんとマサキが二人きりで過ごす日になると、三キロほど離れた私の家に、真冬というのに裸足で、半ズボンに薄いTシャツ姿のマサキが歩いて来ることがたびたびありました。

❖「僕ね、ホントは施設に行きたくないんだ……」

小母ちゃんには内密でお母さんと会い、マサキと小母ちゃんの様子を伝えました。マサキが脅えていることも、小母ちゃんの精神的な不安定さにも気づいていなかったお母さんは、夜は仕事をやめてなるべくマサキと過ごすことにしました。以前より生活は改善されたものの、やはり小母ちゃんとマサキの二人の時間になると、問題は起きていました。福祉課に相談し、児童相談所と連携しながら保護の方向で話し合いました。

マサキは、小母ちゃんが迎えに来るたびに脅え、帰りたがらず、そうなると余計に小母ちゃんはイラついて、車に乗せず置き去りにしたまま帰って行くこともあり、「今日もコーノの家に泊まりたい」と言い続けました。

学童に来るなり、遊んでいるマサキに「早くしろ」と蹴り飛ばすなど、小母ちゃんがマサキの存在を受け入れられずにいることが、側で見てとれました。お母さんには、毎日のメールで事実を伝え続けましたが、事実を知りながらもお母さんは経済的な理由で、小母ちゃんと別居に踏み切れずにいました。

毎日のようにやりとりするメールから読み取れる小母ちゃんの精神状態の不安定さはいよいよ深刻で、マサキが安心できる生活への改善は見られないことを福祉課相談員の方に話すと、

「まだ、いのちに危険があるわけじゃないから……」

との返事。その言葉に胸がつまり、

「毎日脅えて過ごしているマサキは、いのちがなくなる前に心が崩れてしまいます。マサキの心はどうでもいいことですか？」

思わずこみ上げて、そう言わずにいられませんでした。

学童から電話が入ったら、いつでも「強制保護」ということになっていましたが、今後のマサキのことを思うと、母親とつながっていられるようにお母さんと話し合いをし、「強制保護」ではなく、依頼して保護していただくことにしました。

マサキは、保護されることになりました。保護される前日の夕方、帰りの遅いお母さんの迎え（毎日、お母さんのお迎え時間は二〇時を過ぎることもありました）を待ち、マサキが一人最後に残っていました。

「僕ね、施設に行きたくないんだ……ホントはコーノが僕のことを預かってくれたらいいんだけど……」

言葉を失いました。

「マサキはきっと、お母さんと暮らせるようになるよ。それまでコーノもマサキのこともお母さんのことも守っていくからね」

それが、私のかけられる精いっぱいの言葉でした。

このときのマサキの言葉は、私の罪悪感となって心に残りました。しばらくしてマサキと同じADHDの小学生が母親に殺害されるという痛ましい事件を聞きながら、「マサキのいのちは何とか守った……」と思いました。

❖マサキの拠りどころ

マサキのもとには、それからも定期的に面会に行きました。面会のときに、

「夏休みには行きたいところがある？」

とたずねると、マサキはすかさず、

「学童に行きたい」

と言いました。家で脅えながら過ごす日々の中で、学童で大好きな野球に没頭し、けんかしながらも、「一緒にあそぼー」と誘ってくれる仲間がいたことが、マサキの拠りどころだったのだろうと思うのです。

それからもお母さんとは連絡を取り続けましたが、やっとマサキを引き取るための準備に入ったようです。さまざまな辛さを抱えざるえなかったマサキがこれからも社会とつながっていく接点を、お母さんやマサキと一緒につくっていこうと思っています。

学童だけでは解決しきれないこともあります。必要に応じて、児童相談所や病院、警察、消防署、療育センターなどの専門機関と連携をはかります。指導員の仕事は、子どものいのちと心を守る仕事です。

第V章

働きながらの子育てを支え励ます

❖保護者との関わり

指導員の仕事の中でも、とりわけ働きながらの子育てを支えるという役割は重要です。子どもの育ちを保障することと、親の問題は切り離せないからです。

しかしその一方、指導員の悩みの中で多く聞かれるのは、「保護者との関係」です。若い指導員が、「私は指導員の経験も、子どもを育てた経験もないから、保護者と信頼関係をつくることが難しい」と言います。しかし逆に、私のように経験を重ねて、それなりの年齢になると、若いママたちは見た目で、「子育ての説教をされそう」と敬遠してしまうのでは、と感じることもありますから、年齢やキャリアの違いは関係なく、保護者と信頼関係をつくり上げていくスタートラインは同じです。

働きながら子育てをする親たちは、厳しい労働実態やさまざまな生活背景を抱えていて、時間的にも体力的にも精神的にもクタクタに疲れ果てて、子どもの話をじっくりと聴き届けたり、ゆったりと子どもと関わる余裕などない人もいます。

また、保護者の中には、子どもに攻撃的であったり、威圧的だったり、放任にも見えるその親自身が、実は職場や家族、近隣との人間関係や子育てで悩んでいて、身動きが取れない状況に立たされていることがあります。

子どもがひとり一人違うように、親もひとり一人違いますから、ひとり一人を理解し、信頼を寄せ合う関係を築くことはそう容易なことではありません。経験を重ねた私でも、四月、新しい出会いの中では、無愛想で声をかけづらい親もいますし、仕事で出会っていなかったら関わりを避けていただろうと思うようないかついお父さんもいます。

そんなお父さんに、意を決して子どものことを話しかけてみると、案外気弱な一面が見えてきたり、無愛想なお母さんに思い切って子どものことで気になっていることを話しかけると、思いがけず可愛らしい笑顔を見せてくれることがあります。大切なことは、苦手意識を持つ親であったとしても、子どもに対する親としての思いや願いをわかろうとする指導員の構えです。

子どものことで問題があったとき「最近の親はなっていない」と親を否定し、「親たるものこうあるべき」「親があぁだからよね」と子育ての責任を家庭だけに押しつけても、何の解決にもならないどころか、逆に親は心を閉ざし、援助することをますます遠ざけてしまうことになります。日常的にたわいない愚痴や不満も言い合える関係を大事にしながら、問題や困難さが見えたときに子育ての協力と援助の手立てを探り、共に考え合っていくことが大切です。

保護者ひとり一人と関わりながら「あの指導員だったら何でも言えて、困ったときに相談できる」と実感してもらえるような信頼関係を築いていきたいものです。

❖私が保護者と向き合う時に大切にしていること

■何でも伝えるのではなく、その日のうちに伝えなければいけないことと、時間を置いて経過を見てから伝える必要があることを考慮する。
■子どもの関わりが不十分な親であっても頭ごなしに否定するのではなく、その親の背景にある思いや願いを聴き届ける。
■子育ての焦りや、不安、苛立ちに心を寄せ、共に考え合う構えを持つ。
■口先の言葉だけでなく、今ある肯定的な事実で親を励まし、支える。
■具体的な援助の策を探る（指導員同士の話し合い、保護者会、学校や地域、専門機関との連携）。
■守秘義務を守る。

とはいえ、私にも思い出すと、恥ずかしい失敗があります。悩んでいるお母さんの辛さを聴き取らないままに、指導員として何とかしよう（良かれ）と思いながらとった行動が、逆にそのお母さんを追い詰めていたという苦い体験です。

それは、私が指導員になりたての頃のことです。

事例①

お母さんは、わが子のことで苦しんでいた

❖お母さんに伝えたい思いが伝わらない

遊びで負けそうになると、「オレなんかどうせ死んでしまえばいいんだ！」とバットをたたきつけ、泣き叫ぶアッシのことが気になっていました。毎日毎日、学童で起こるぶつかりやトラブルの中心にいるアッシ。お母さんにアッシの様子も伝えたいし、家でのアッシの様子も知りたいと思っているのですが、お迎えに来るお母さんは、

「アッシ、早くしなさい！」

とこちらから声をかける隙もないくらいに大急ぎで帰って行くのです。それならばと、手紙を書いたり、あの手この手で工夫したのですが、返事をもらえないままでした。

その頃、わが子のことで悩んでいたミヨのお母さんに、私がアッシの言動を理解しきれずにいることや、お母さんに伝えきれないもどかしさを感じていることを相談しました。

ミヨのお母さんがアッシのお母さんを保護者会に誘いだしてくれました。保護者会で子育て

の悩みをみんなで語り合いました。ミヨのお母さんが、

「私はずっと前から悩んでいたんだけど、三人の子どもの中でも下の子二人は受け入れられるんだけど、ミヨだけはどうしても受け入れられないんだよね。悪いと思いながらミヨを好きになれないし、膝に抱くのも体が受けつけない。ミヨは生んですぐに預けて仕事復帰して、保育室のはしごだったからかもしれない」

と悩みを打ち明けました。他のお母さんも、

「実は、誰にも言えなかったんだけど、私もそうなんだよね。できることなら、長女の子育てをお腹の中からやり直したいと思ってる……」

と話しました。それぞれの子育ての悩みが語られる中で、それまで黙って話を聴いていたアツシのお母さんが、

「アツシが……」

とつぶやくと、その後は言葉にならず、顔を覆ったまま泣き出したのです。その姿を見たときに、私はハッとしました。「お母さんは心の底でアツシのことを心配していたんだ……」とはじめて、アツシのお母さんの気持ちに手が届いたのです。

❖失敗の教訓

次から次にトラブルを起こすアッシなのに、伝えても伝えても反応がないお母さんのことを「アッシのことをちゃんと考えてよ！」と思っていた私は、はじめて、お母さんは、考えていなかったわけじゃなくて、ホントは心配なわが子のことを相談できずに苦しんでいたのだということに気づくことができました。

それまで、私の伝える内容も「学童でこういうことがありました。家でも話し合ってください」などと、かえってお母さんを追い詰めていたんじゃないだろうか。指導員として、お母さんを支える立場になりえていなかったことを振り返りました。

私は、目の前で泣くアッシのお母さんに、

「一緒にアッシを育てていこうね」

と繰り返しながら、一緒に私も泣き続けたのでした。

このときに、指導員としての「何とかしてよ」の思いは、「一緒に育てていこう」という思いに変わりました。そしてお母さんたちの「子どもを受け入れられない」の言葉の中には、「子どもが何を考えているのかわからない不安」「どう対応していいのかわからない戸惑い」「思うように育たない焦り」があることを感じました。

この失敗の後は、「私（指導員）が、相手の思いを理解しようと思って関わらなければ相手の思いは見えてこない」、自分にそう言い聞かせ続けてきました。そして改めて、親たちの子育ての不安や思いをていねいに聴き取ることを大切にしていこうと思えたのです。

事例②

本当はお母さんに甘えたいのに……

❖アキトママに話した出来事

祖父母、母と四人暮らしのアキトくんのお迎えは、入所して以来ほとんどバアバ（祖母）です。忙しそうなアキトくんのママとなかなか直接会って話すことができず気になっていたので、久しぶりにお迎えに来たアキトママと話しました。

「この前、私、アキトのことを怒っちゃったんだよねー」

と切り出すと、

「ええー、アキト、何か悪いことやっちゃったのー？」

とママがあわてました。

「悪いことっていうよりね、私がアキトの一面に気づいたことがあったことをママに伝えたいと思ってね。この前、学童に入って間もないお姉さん指導員の新しい帽子をわざと泥水に投げ込んで汚していたから、お姉さん指導員も困って注意したにもかかわらず、また、お姉さん指導員の靴を雨の道路に投げたんだよね。アキトは、お姉さん指導員と関わるきっかけにしたかったと思うんだけどね。

『ちょっとー、アキトくーん！』とお姉さん指導員に呼ばれても知らん振りで向こうに去ろうとしたから、私が、『アキト、呼んでるよ、ちゃんと話しておいで』と声をかけたら、『うっせー、コーノに関係ないだろ！』だったから、『コーノは関係なくない！　アキトには人に嫌な思いをさせたまま平気でいる人であってほしくないって思っているから黙っていられない』って言ったの。

最初、私を睨みつけていたんだけど、アキトが『わざとじゃない』と言ったから、『わざとじゃないことはわかった。でも呼び止められたときに相手の気持ちに気づいたんでしょ。知らん振りして立ち去ろうとしたから、気づいたときにどう行動するか、考えてほしいよ』とアキトに話すと、アキトは黙って立ち上がって、お姉さん指導員の靴を拾いに行って、みずから『ごめんなさい』って謝ったの。アキトを抱きしめて、『アキト、偉かったね、誰だって間違うことも失敗することもあるけれど、自分の過ちに気づいて行動できたアキトが偉かったね、それでいいんだよ』と頭をくしゃくしゃ撫でたら、そのときになってアキトがはじめて泣いたんだよ。

怒られてるときは、自分が否定されていることを感じて、睨みつけながら自分で自分を守ったんだね。自分が受け入れられたときにやっと体の力を抜いて泣けたアキトって、まだこんなに小さいのに自分を守ることに必死なんだなあって思ったらいじらしくて、私もアキトと一緒に泣いちゃってたよ。そんな無理しないで寄りかかっていいよって、アキトに伝えていきたいと思ってるんだよ」

とママに伝えました。ママも涙ぐみながら聞いた後、「実はね……」と話してきました。

❖ママなんていらない

「私は、仕事から帰ってくるのが遅くて、アキトを寝かしつける時間しか、アキトと一緒にいられないんだよね。この前も、一緒にベッドに入ってアキトを寝かしつけようとしたら、アキトが私に、『ママはいらない。僕のことはバアバ（祖母）が育ててくれるから、ママはいらない』って言ったんだよね。それって、なんかショックだったんだよね」

ママは深刻な顔でした。

「そうだね。言葉通りに受け取ると、親としては辛いよね。でも、さっきの話もそうだけど、アキトって、自分を必死で守って生きてるから、『ママはいらない』って言葉は、逆に〈ママはずっと側にいてほしい〉って、甘えたんじゃないかな。アキトが、ママはいらないって言っても、〈ママはアキトから離れない〉ってことを、アキトは確かめたかったんだね。ストレートな表現じゃなく、そんな形であっても、アキトがママに甘えたい思いを投げ出せたことはよかったと思うよ」（ママは、再婚を目前にしていたこともあり、このところのアキトの言動は不安定でした）。

するとママは、

「こんなことをキャサリン（私のこと）に話すの、どうかなって思ったけど、話せてよかった」

ママはポロポロ涙を流しました。ママは、アキトに寂しい思いをさせていることの負い目に加え、実の親とはいえ、祖父母に世話になっていることへの申し訳なさも話してくれました。祖父母からは「子育てが他人まかせ」に見えているママであっても、内心、自分のふがいなさを感じながら、いまだに親の手を貸してもらわずにはいられない状況を心苦しく思っている切なさが伝わってきました。

「ママは、たいへんな状況でもアキトを手放さないでがんばってきたんだもの、えらいよ。

今、アキトがそのことを十分理解できなくても、ママの愛情とがんばりは必ず伝わるときがあるから大丈夫！　アキトはママのことが大好きだよ。ジイジもバアバもたまには愚痴ってくるかもしれないけど、ジイジとバアバの生きる張り合いにもなっているんだから！　ジイジとバアバの愚痴は私が引き受けるから大丈夫！　ママは今までのように、短くてもアキトとの時間を大事にしてね。ママのがんばりをこれからも応援していくから、何でも話してね」

「ありがとね。思い切って話せてよかった。これでいいんだね」

ぐしゃぐしゃに泣きながらも、笑顔になって帰って行くアキト母子を見送りました。

ジイジとバアバにも、ママの思いを伝えました。

「へえーそう思っているんだ……子どもがいくつになっても親は親だからしょうがないよ。一番たいへんなときに突き放すようなことはできないしな……」

とジイジが笑いました。親子だからこそ、気まずくて言えないこともある。指導員は、それぞれの思いを聴き届けながら、関係をつなげることが大切です。

事例③

仕事と子育ての父ちゃんを支える

❖やり場のない怒りを弟にぶつけるヒロシ

学童に帰って来る子どもの中には、困難な家庭事情を抱えて過ごしている子どももいます。五年生のヒロシのお母さんが家を出て、お父さんと弟アツロウと三人暮らしになって三カ月経った頃です。

学童の室内で遊んでいた兄ヒロシが、弟の上に馬乗りになって握りこぶしで容赦なく殴りかかっていました。原因は、弟が紙鉄砲で遊んでいて、振り下ろしたら、近くにいたヒロシにうっかり当たってしまったということで、弟アツロウは謝る隙も与えられず、兄ヒロシに殴りつけられたようです。

「ヒロシ！　やりすぎだよ、それ以上はアツロウが怪我するから止めな！」

とヒロシと弟の間に入り、ヒロシの攻撃を制止すると、

「うっせぇんだよ！　ババア！　死ねっ！」

ストップをかけた私に、ヒロシの行き場のない怒りの矛先が向けられました。

鋭く私を睨みつけたヒロシの顔を正視して驚きました。ヒロシは顔色が真っ青で、目の下は隈で黒ずんでいたのです。

「ヒロシ、顔色が悪いけど、具合でも悪いんじゃないの？」

と心配になって語りかけました。

「夜、ぜんぜん寝てねえーんだよ！」

吐き捨てるように力を落として答えました。

「どうして眠れなかったの？」

「昨日、学童に迎えに来た後、父ちゃんのトラックに乗って夜中まで現場周りをしてたんだよ！　狭い車の中じゃ、ぜんぜん寝れねえーんだよ！　コイツ（弟）は、オレがいないと生きていけねえ、何もできないクズ野郎なんだ！」

ヒロシの容赦ない攻めに、弟は泣くに泣けず、顔を引きつらせ声も出せずにいました。

「ヒロシ、弟もがんばっているよ。寂しさを抱えているのは弟も同じだし……」

「コイツは、家のことは何もできないし、オレは家のことも全部やんないといけないし……」

「ヒロシ、がんばりすぎちゃって疲れてるんだね。ヒロシはホントによくがんばってるよ。寝ることと食べることは何とかできるように、コーノ（私）から父ちゃんに話してみようか？」

ヒロシは、体中の力が抜けたように、うなだれたまま小さくこっくりうなずきました。

❖父ちゃんの嘆きと混乱を受けて

ヒロシの父ちゃんは、大きな体に低い声、見た目いかつい感じがするので話しかけるにも、つい身構えてしまうような風貌なのですが、ここはヒロシのために思い切って、今日のヒロシの様子を伝えました。

「父ちゃんも生活が変わった中で大変だね。実は、子どもたちもしんどそうで……」

今日のヒロシとのやり取りと経過を伝えると、父ちゃんはがっくりと肩を落とし、大きい身体を小さく丸め、うなだれたまま、

「先生、オレ今、仕事もどうにもなんなくて、いっぱいいっぱいなんだよ」

力なくこぼしました。お母さんがいなくなってから、それまでお母さんに任せていた家のことや子育ても、父ちゃんが一身に引き受け、さらに仕事も思うようにいかず、身動きとれず混乱していることが伝わりました。

「父ちゃんもよくがんばってるよね。ここを父ちゃん一人で全部を抱えるなんて大変だから、私たち指導員も力になるし、きっと他のお母さんたちも手を貸してくれるし、子どもたちのことを何とかしようね」

とうなだれた父ちゃんの大きい背中を見送りました。

それからは、父ちゃんの生活の状況をわかってくれそうな保護者に声をかけ、手助けをお願いしました。父ちゃんの仕事が遅いときは、お祖母ちゃんの手助けや、学童の他のお母さんがヒロシと弟を迎えに来て面倒見てくれたこともあり、子どもたちの生活は次第に落ち着きを取り戻しました。

それぞれが、さまざまな困難さを抱えながらですが、同じ境遇の中にある保護者同士の関係を保護者会や行事でつないだりします。助け合い、支え合う子育て仲間の輪を広げていくことを大事にしています。

事例④

トモヤが抱えていた大人への不信

❖激しい口調でなじるトモヤ

五年生のトモヤは、四年になって学童に途中入所してきました。入所した当時、学童の子どもたちとの関わりよりも、放課後の校庭に地域の友だちが来るのを待って遊んでいました。

入室時間になると、誰にすすめられるでもなく一人で宿題を始め、周りがどんなに騒がしくてもコツコツと宿題をやり続けます。周りに流されず自分のペースを保ち、ほとんど感情を表わすことがなかったトモヤです。指導員の遊びの誘いは軽くかわし、要求を出してくるのも「宿題をするから机を出して」くらい、こちらから話しかけても最低限の返しのみで、心をつかめずに気になっていました。

そんなトモヤが、おやつが終わった後に私の前に立ち、話しかけてきました。

「コーノ、学校の友だちと約束したから、今から友だちの家に遊びに行っていい？」

「お母さんから連絡をもらっていないけど。トモヤが今日友だちの家に行くことをお母さんはわかってるの？」

「いや、知らない……。でも今日、約束したから……」

「じゃあ、今日、家に帰ってからお母さんと話して、友だちと遊ぶのを明日にしたら？」

「いや、今日じゃないとダメなんだ（友だちの都合)。どうしても今日友だちと遊びたい」

ここまでトモヤが引き下がらないことはいままでにないことでした。

「じゃ、仕事中で申し訳ないけど、お母さんに電話して聞いてみようか。でも、お母さんの許しがなかったら、今日はあきらめて、次のことを考えようね」

と念を押しながら電話しました。お母さんは、学童で過ごすようにとのことだったので、そのことをトモヤに伝えると、肩を落とし、うつむいたまま顔を上げようとしませんでした。

「アイツは、勝手なことばっかりしてるのに、何でオレが勝手なことをしちゃいけないんだ。オレは、大人の勝手で学童に入ることになったんだ……」

トモヤは涙を流しながら、今まで聞いたことのない激しい口調でなじりました。それは、今まで見たことのないトモヤの姿でした。これまで誰にも言えず一人で抱え込んでいただろう苦しみを私も一緒に抱える覚悟を決め、トモヤの心の内に踏み込んで聴き取っていこうと思いました。

❖両親の離婚に不信を募らせて

「アイツって誰のこと？」

「それは言えない、怒られるから……」

「トモヤ、何でもコーノに話していいよ。アイツって、お母さんのことなの？」

トモヤは小さくうなずきました。

「勝手なことって、離婚のこと？　トモヤは離婚のことがずっと心に引っかかっていて、家族が離れてしまったことが納得できずに苦しかったんだね。一人で悶々と考えていたんだね。でもね、お父さんもお母さんも離婚に至るまでには、きっといっぱい苦しんでの決断だったんじゃないかと、コーノは思うよ」

「アイツが苦しんだわけはない……。オレは嫌だったんだ。四人でずっと暮らしたかった。離婚したから学童に入らなきゃいけなくなったんだ。学童に入ったから、それまで遊んでいた友だちとも遊べなくなったし……」

大人に対するトモヤの不信は、そう簡単にぬぐえるものではないのです。表面では、愚痴や不満をこぼすでもなく淡々と学童の生活を過ごしていたトモヤですが、実は心の底では学童の生活を楽しめていなかったのです。それは同時に、指導員としての私に課題を突きつけてきたということでした。心を開いてくれたとも思えるトモヤの投げかけを大事にしたいと思いました。

「トモヤの友だちを大事にしたい気持ちがよくわかった。話してくれてありがとうね。トモヤが大切にしていることは、コーノも同じように大切にしていきたいと思っている。トモヤの要求を叶えたいし、安全も守らなきゃいけないから、ナッキーと話をさせて」

ナッキーは、トモヤが学童に入る前からの友だちで、家が近くなので行き来し、学童に入るまでは行動を共にしていたようです。トモヤが学童に入ってからも、校庭でナッキーとよく遊ぶ姿がありましたが、学童に入ってからナッキーと遊ぶ時間が減ったことがトモヤの不満だったということがこのときにわかりました。

今まで、思いや要求を投げ出そうとしなかったトモヤの要求を一緒に考え合い、トモヤが納得できるまでていねいに聴き届けようと思いました。

ナッキーと話し、ナッキーのお母さんに事情を話し、了解を得て、帰りの時間を確認し合った上、学童の連絡先を持たせてトモヤを送りました。「心配しすぎだよ」とトモヤに言われながら。ナッキーの家から帰って来たトモヤは、

「コーノ、今帰ってきたよ、楽しかった」

表情がひときわ明るく、年下の子どもたちの遊びの輪に入って、帰り時間ぎりぎりまではしゃいでいました。

❖「はじめてわが子の思いを知りました」と母

その日のうちに、お迎えのお母さんに今日のトモヤとのやり取りを伝えました。トモヤの思いを知ると、お母さんは辛いだろうと思いつつも、トモヤの思いを伝える必要を感じていました。お母さんにありのままを伝えると、

「トモヤが離婚のことをそんなふうに思っていたなんて……。はじめてトモヤの思いを知りました。実は……（離婚にいたる経緯を全て話した後）子どもたちが、実の父を恨むことがないように、子どもたちに離婚の理由は話しませんでした。だからトモヤは自分の思いを祖父母

（母の両親）にも話せなかっただろうし、ましてや私には言えなかったと思います。でも学童の先生だったから言えたんですね。学童のありがたさをしみじみ感じます。

学校の先生にも家庭訪問のときに、トモヤは全く自分の感情を表に出さないから、自分で解決できているのか、押さえこんでいるのかさえ、わからないと言われました。こうしてトモヤが自分の思いを出せる場があることが、親にとってもうれしいです」

トモヤのお母さんと話し合い、トモヤの希望を受け入れて、毎週水曜日に学童から友だちのナッキーの家に遊びに行くことになりました。

「コーノ、行ってくるね」

「コーノ、今帰ってきたよ」

ごく当たり前のやり取りですが、あのとき話し込んだ前と後では違うトモヤの心（の近づき）を感じました。お母さんも、「私に対するトモヤの表情が変わりました」と伝えてくれました。

その後、トモヤが外出の際の約束を破って友だちとコンビニに立ち寄っていたこともありましたが、そのつどお母さんのトモヤへの思い（一人で必死に働きながら育ててくれていること）、学童に託す母親としての思いを、私の言葉でトモヤに伝え続けました。トモヤはそのたびに涙ぐみながら深くうなずき、私の話を聴きました。

私たち指導員もトモヤの要求や願いを聴き取りながら、地域の子どもたちを夏祭りやクリスマス会に招待するなど、地域の友だちと一緒に楽しめる行事を企画し、地域の子どもたちとのつながりも大切にしました。子どもたちひとり一人にとって、学童が「行かなくてはならないところ」ではなく、「行きたいところ」になるような、指導員の配慮・工夫も絶えず求められるのです。

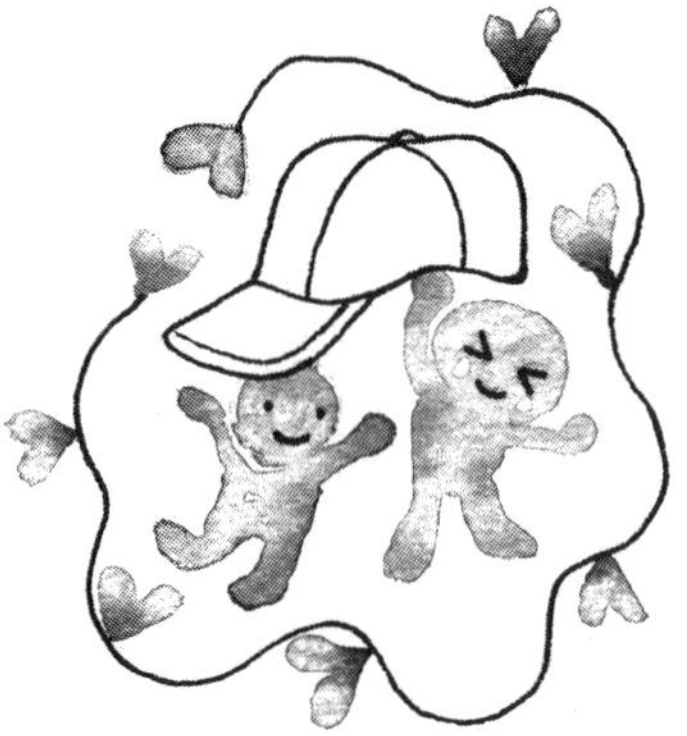

第Ⅵ章

障がいのある子どもを受け入れる

❖はじめての受け入れ

私の学童では、障がいのある子どもも共に生活しています。はじめて障がいのある子どもの入所の申し込みを受けたのは、一九九二年、原市場学童保育が開所して二年後のことです。ダウン症のクミちゃんとお母さんとの出会いがありました。

その頃、地域の小学校に特別支援学級はなかったので、「わが子を地域で育てたい」というお母さんの願いもあり、介助の先生がつくことでクミちゃんは小学校に入学しました。クミちゃんのお母さんは仕事をしていたので学童に入所したいとの希望でした。

私の学童は、保護者会運営の民営学童なので入所の申し出があったとき、受け入れの判断は保護者会での決定となります。保護者会では「指導員の決断に協力を惜しまない」という前提のもとに、「受け入れについての判断は、保育に直接関わる指導員に委ねます」ということでした。そのとき、相棒指導員が退職し、私一人に判断を任されたことは責任重大でした。私は、指導員として困ったときに親身になって支えてくれている保護者に信頼を寄せていましたので、現場を守る者としての責任と覚悟を持って、さっそくクミちゃん親子と会うことにしました。

お母さんがクミちゃんに「こうの先生よ」と私を紹介すると、「こっこてて（こうのせんせい）」とクミちゃんは澄んだ視線と人なつっこい笑みを私に向け、片言の言葉でのコミュニケーションを探っていました。

そのとき、原市場学童では、児童数が一六名から四〇名と倍以上に増えた上に、正規指導員は私一人、非常勤指導員が一名で心細い指導員体制でした。それに加え、建物もバリアフリーなどとは縁遠く、自力（保護者の日曜大工）でプレハブをスノコでつないでいるだけのつぎはぎだらけ、トイレは危険なボットントイレでした。段差を怖がり、スノコの上でさえ立ちすくんでしまうクミちゃんの安全を保障するための環境・条件とはほど遠いものでした。それでも、私がクミちゃんの受け入れを決心したのは、お母さんの言葉に心を動かされたからでした。

「私は、どんなに頑張ってもクミにとって母親でしかない。私がどんなに頑張ってもクミの友だちにはなれないんです。クミにとって、友だちが必要なんです」

障がいがあってもなくても、社会の一員として自分らしく生きたい、周りとつながりながら豊かに生きたいというのは誰もが持つ願いですし、わが子を思う親なら当然持つ願いのはずです。それは、障がいがあるとかないとかに関係なく保障されるべきことだと思ったのです。

❖子どもたちの声に励まされて

私の「クミちゃんを受け入れたい」思いを、そのとき、たった一人のスタッフの非常勤指導員エハに話すと、

「私は、今まで障がいのある人と関わったことがないから、どう関わったらいいかわからないし、正直言って自信なくて怖いんだよね」

ふだんから自分を取り繕うことなく、率直な思いをストレートに話してくれる彼女となら、これからの不安は、クミちゃんとの関わりと学びを重ねる中で、共にクリアしていけることだと思えました（その後、エハは積極的に障がいのことを学び続け、現在、専従職員として、障がいのある子どもの受け入れに一番の理解者です）。

学童の子どもたちにも、そのときの私の思いをそのまま話しました。

「クミちゃんは言葉も話せない。みんなと同じようにできないことも多いけれど、クミちゃんは、みんなと同じように友だちがほしいから学童に入りたいという願いを持っている。私も、クミちゃんとお母さんの願いを叶えたいと思っているけれど、私とエハ（非常勤指導員）だけではクミちゃんの安全を守れるか不安もある。だから、みんなの力も貸して欲しい……」

当時四年生だったサトがすっくと立ち上がり、発言しました。

「オレたちがクミちゃんの友達になる。オレたちもクミちゃんを守る。だから、クミちゃんを学童に入れて欲しい」

他の子どもたちも「私も」と声をあげました。

子どもたちの声は、私の不安を安心に変えました。保護者たちも、すぐに指導員探しに駆け

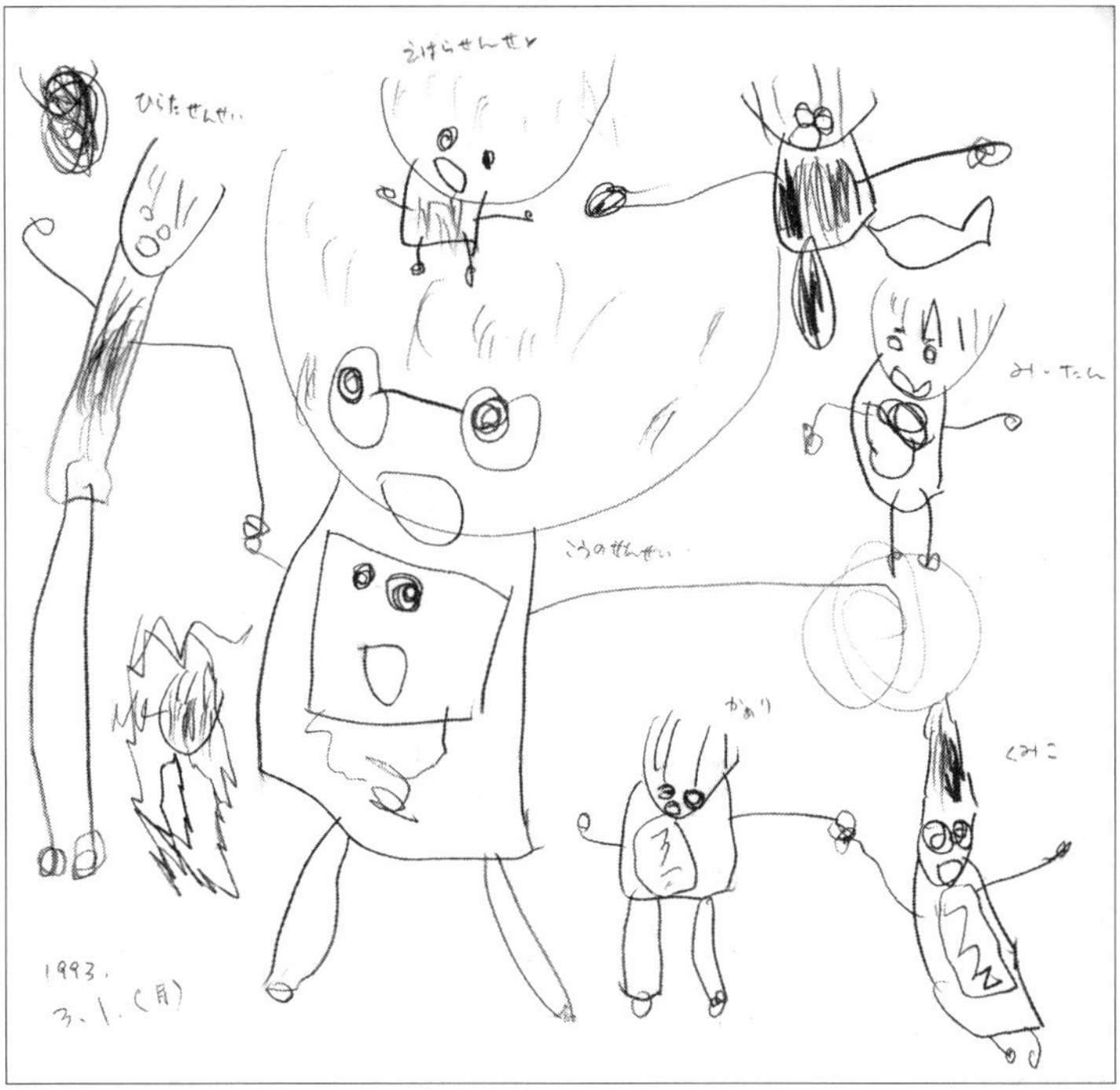

はじめて受けいれたダウン症・クミちゃんの絵。入所の頃、ぐるぐる書きだった絵が、友達とのつながりの中で変わっていきました。２年下の友だち「かーり」とクミちゃんが手をつないでいる絵です。

回ってくれましたし、共にクミちゃん親子を支えてくれました。そのときの施設の問題や体制不備などの不安は、行政に実態を伝え、環境改善を働きかけていく私自身のエネルギーに変わっていきました。

さらに地域には、学区外の小学校の特別支援学級にわざわざ通わなければならない子どもたちが多いこともあり、原市場小学校に特別支援学級を設けてほしいことを働きかけました。

またその頃、障がいのある子どもに対する指導員加配の補助は一名の場合、補助金なしだったのですが、国や県、市に毎年毎年訴え続け、一〇年後、以下に紹介するリカが学童に入所する年には「障がいのある子ども一名に対して一名の指導員加配」が実現しました。条件が揃っていないことを受け入れない理由にするのではなく、受け入れるためには何が必要かを考え、問題が起きたその時々に、子どもたちや保護者と共に考え合って乗り越えてきました。

事例①

自閉症と診断されたリカとの六年

❖リカのお母さんの不安

リカを原市場学童保育に受け入れたのは、二〇〇二年春のことでした。毎日、お母さんと一緒に姉のミサの送り迎えに来ていたリカ（保育園児）は、学童に着くと必ず一目散にランドセルに向かい、ミサとランドセルの取り合いをして、取りそこなうと火がついたように泣き叫びました。そんなときの異様なまでの泣き方が気になる中、お母さんからリカが自閉症であることを聞きました。

お母さんは、リカの小学校入学について、不安を抱えていました。リカの入学について教育委員会から、「情緒障害学級は加治小学校（学区外）にあるので、リカさんをそちらへ入学させてください」と事務的に言われたと、私にそのときのやりとりを話しながら、こらえ切れず涙を流しました。

「お母さんの思いは話せたの？」

とたずねると、お母さんは、自分の思いを伝えるどころではなく、泣くことをこらえて立っているのが精いっぱいだったと言いながら泣き続けました。そんなお母さんを前に、私は、母の思いを代わって伝えずにはいられませんでした。

その場で教育委員会に電話し、働きながら子育てをしているお母さんが姉妹同じ学校と学童で過ごさせたいと望んでいることや、学校の送り迎えのことも含め、今後の生活の不安を抱えていること。私としても、障がいのある子どもが地域の中で、周りとつながりを持ちながら理解され、支えられて生活できることが必要だと思うことも伝えました。

教育委員会の配慮もあって、お母さんの願い通り、リカは原市場小学校に入学し、学童にもぴかぴかのランドセルを揺らし、通い始めたのでした。このとき、「普通学級で刺激を受けることで発達を促したい」というお母さんの希望で、新設されたばかりの特別支援学級ではなく、リカは普通学級に入りました。お母さんが、まだ現実を受け入れられず、「リカの自閉症を何とか治したい」という思いが伝わりました。私は、リカを守るためには、リカのお母さんの不安にも寄り添っていこうと思っていました。

❖こいつは、怪獣だー

かといって、リカとの関係がすんなりとつくれたわけではありません。入所してしばらく、指導員から「おはよう」「おかえり」と迎え待つ言葉をかけても目を合わさず、姉のミサについて回っていました。

また、人のものと自分のものの区別がなく、自分の関心のあるものには、人のものでもかまわず取り上げようとし、譲れない相手と取り合いになって大声で泣き叫ぶことがしばしばありました。言葉で言い聞かせても、「いやー」と飛びかかっていくので、抱きしめたまま興奮がおさまるのを待つしかないのでした。

「リカ、貸してほしいときは『貸して』って言うんだよ、黙ってとられたらいやだよ」と話すと、リカは、「貸して、貸して」を理解したというより、言われた言葉をそのまま何度も繰り返していました。

リカの予想もつかないいきなりの言動に戸惑う子どもたちが、

「こいつは、怪獣だよ、こえー（怖い）よ」

「ねえ、こうのー、あいつ何か変じゃない？　どうしたの？」

と遠慮がちに聞いてきました。

「リカは、わかることとわからないことがあるけど、ゆっくり、ていねいに話してみるとわかることもあるから、ゆっくり、ていねいに話してね」

と子どもたちに声をかけるものの、カラー粘土を全色ぐちゃぐちゃに混ぜ合わせるリカに対して、何度も混ぜないでほしいことを言っても、知らん振りのリカに困り果てた末に、

「私は、ていねいにわかりやすく話したよ。これ以上どう話せばいいの？」

と言ってくることもあり、伝えることの困難さを感じることもありました。

一方、周りの動揺をよそにリカは、周りの声を聞き取りながら、子どもたちの名前を覚え始めました。リカに「ねえー、ねえー」と声をかけられた六年生の男子は、ずーっとリカを校庭で待っていてすっぽかされたり、話しかけられて答えて振り向くと、もうそこにリカはいないなど、一方的に言い放ち、会話が成り立たないことに「あれっ？」と首をひねりながら苦笑するといったことが続きました。

やがてリカは、周りで飛び交う言葉を聞き覚え、子どもたちの名前を呼んで回るようになりました。

「リカちゃんが、やっと僕の名前を覚えてくれたみたいだ。ねえ、もう一回僕を呼んでみて！」

ハッジの声かけにおやつをぽりぽり食べながら、リカは知らん振り。天真爛漫に笑い転げ、人懐っこさを見せるようになったリカとのつながりを喜ぶ子どもたちも次第に増えていきました。

❖リカの好奇心を応援する

目を合わそうとしなかったリカは、指導員の「おかえり」の声かけにオウム返しではあるけれど、「おかえり！」と言葉を返してくるようになりました。周りとの言葉のやり取りの中で笑顔を見せるようになった頃に、リカの好奇心旺盛の一面が現れ始めました。周りの子どもたちがやっていることを観察し、何でも一通りまねてみたがりました。


六月、ミサたちがやっていた一輪車に興味を持ち始めました。学校から帰って来ると、

「(校庭) いこ、(校庭) いこ、イチインシャ (一輪車) ……」

指導員の手を引っ張り、一輪車の練習をせがみました。手をつないで練習している途中で、一輪車と一緒に倒れるたびに、毎回毎回、

「あー、おーきな音でごめんなさい！」

と大きな声で叫ぶリカに、

「いえいえ、どういたしまして」

と答えながら、来る日も来る日も指導員は入れ替わりでリカの手を持ち続けました。

いったんはまると、周りが見えなくなるほど夢中になるリカは、雨が降っていても泥だらけになりながら、一輪車に乗り続けました。そして、ずずーっと乗れたとき、近くにいた指導員たちや子どもたちが一斉に、

「リカー、すごーい！　すごい、すごい！　とうとう乗れたねー」

と歓声をあげると、

「すごーい！」

と大声をあげて、得意げに自分に拍手を送るリカでした。汗で顔は真っ赤にほてり、泥だらけで、何度も黙々とチャレンジし続けているリカの姿を遠巻きに見ていたハルやヒト、二年生の男子たち数人が、リカのひたむきさに刺激を受け、一輪車の練習を始め、子どもたちの間に一輪車ブームが広がりました。認められた喜びは、そのまま鉄棒のだるま回りや足掛け回りへと、リカのやる気と好奇心はとどまることがないのでした。

❖リカへのからかい

夏休みの朝の学習時間中、リカは静けさを突き破るかのような声で、

「ナオトー！　なにやってんの！」

とたびたび大声をあげました。宿題に集中していたナオトは、

「うるせーよ！」

と怒鳴り返すことの繰り返しで、そのたびに周りから、

「リカ、うるせーよ」

と飛び交うことが多くなりました。そんな折、リカが、

「こうのー、きて、たっきゅう（卓球）！」

と誘いに来たので卓球を始めると、四年生のセイとナオトがふざけながらころがったピンポン玉を取り上げました。リカが、

「だめー、やめてー！」

と叫ぶと、

「うるせーよ！」

と何度も取り上げては遠くに放り投げ、困った様子でピンポン玉を追いかけるリカの様子をおもしろがり、笑い転げる二人でした。リカの遊びを執拗に邪魔し、嫌がらせを続ける二人の行動を黙って見逃すわけにはいきませんでした。

「リカがせっかく楽しんでいることを邪魔してるけど、そうされてリカが喜んでいると思う？さっきから困った顔をしているよね。やめてって言っているよ。リカは理解できることと理解できないことがあるけれど、喜び、悲しみ、怒り、快とか不快とかの感情は、みんなと同じな

んだよ。今のリカの気持ちをよーく考えてみて。コーノは、リカだけを特別にかばっているわけじゃない。セイやナオトが困っていたり、楽しみを邪魔されたりしたら、コーノは同じように、セイもナオトも守っていくし、それはこれからも同じだよ。人にいやな思いをさせることを自分の楽しみにするような人になってほしくない。リカの楽しみを奪うようなことはしちゃいけないことだと、コーノは思うよ」

私の真剣さにセイとナオトの薄ら笑いは消え、神妙な顔で深くうなずきながらボロボロ涙を流しました。

他でも、リカが相手から言われた言葉を同じようにオウム返しすることがわかった男子集団が、リカに声をかけてからかうようになりました。

「ねえ、リカ、シュンちゃんと結婚したい？」

「うん、シュンちゃんと結婚したい……」

それが、エスカレートしていくと、

「ねえ、リカ、うんこ食べたい？」

「うん、うんこ食べたい……」

わざと言わせて、みんなで大笑いするようになりました。リカは、みんなが笑うので遊んでもらっている感覚で、いっしょに笑い転げたりしていました。そのことは、ほんとうに胸が痛みました。

「うるさいとか、何でも口に入れるのが汚いとか思うことはあっても、だからといってリカをからかったり、嫌がらせをしたり、バカにしたり、さげすんだりしていいことではない。人が大事にされないことは、コーノは不愉快だし、心が痛む」

と子どもたちに伝えました。いつもは平気でリカと取っ組み合いをする姉のミサが、

「リカがあんなこと言われると、私いやなの……」

私の耳元で、振り絞るような声で言いました。

「ほんとに、いやだよね。リカがからかわれるのは、お姉ちゃんとしてつらいよね」

抱きしめながら、このときのミサのひと言は、私の胸にグサリと突き刺さりました。リカがからかわれ、ミサが「いやなの……」と言わなければならない状況にしてはいけなかったのです。様子を見ながら時間をかけてと思いながら、時間を稼いでばかりの指導員としての対応の甘さの中で、ミサが傷ついていたことにハッとしました。からかいや嫌がらせは、リカはもちろんのこと、リカの周りの人をも深く傷つけることだということを集団に向けて、場面によっては、一人ひとりに言い聞かせました。

❖子どもたちのネガティブな思いも受け止めながら

校庭でユリが友だちと遊んでいると、近づいてきたリカがいきなり、

「あのね、ユリちゃん、あのね……」

と話しかけながら通り過ぎて行きました。キョトンとしている友だちに対して、ユリが、

「アイツは、バカだからね。気にしなくていいから……」

とこっそりつぶやいたのを、通りがかりに耳にしました。それまでにも、後ろからついてくるリカを追っ払っている場面を幾度か見かけたり、冷ややかな視線を送るユリが気にかかっていましたから、ユリに踏み込むタイミングでした。

「ユリは、リカのことをいやなの？」

私からユリにたずねると、

「だってね、うるさいし、しつこいし、言うことを聞いてくれないんだもん！」

「そうだね、リカの声は大きいからびっくりすることもあるね。わかんないこともあるから困るときもあるよね。でも、いつもリカがユリにくっついて行くのを見てて、ユリと遊びたいんだろうなー、きっとリカは、ユリのことを好きなんだなーって、コーノは思っているんだよ。リカじゃなくても他の人でも、こんなとこいやだなーって思うことはあるでしょ。リカのこと

でいやな思いをしたり、困ったときは、いつでもコーノに言ってきていいよ。そのときはコーノからも、リカに話していくからね」

話してみて、ユリの率直な〈どう接したらいいのかわからない〉戸惑いも見えました。ユリも、本音を吐き出せたことで、少し気持ちが楽になったらしく、その後、リー、ナオ、ユリ三人の遊びの中にリカを誘い入れてボール遊びをしていました。

リカはユリにばかりボールを送っています。立場所を変えても、やっぱりユリにだけ送るので、ユリは〈コーノの言ったとおり、リカはユリのことを好きかもしれない〉と確認できたのだと思います。私が、近くで、

「リカ、リーにもナオにもボールを送ってみたら」

と声をかけると、

「はい、リータン、はい、ナオちゃん、はい、ユリちゃん」

一緒に遊んでみると、リカの持つ別の一面が見えてきたようで、

「リカって、案外、おもしろい！」

誘うと大喜びするリカの姿に、自分を必要としてくれる愛しさも実感したのだろうと思います。ユリはよく、リカを誘い入れるようになりました。周りの子どもたちのそのときそのときの、一見ネガティブと思える「いやだなー」の感情も、まずは受け止めながらも、リカの「一緒

に遊びたい」思い、「周りとつながりたい」思いは、みんなと同じであることを伝え続けました。

❖悩みを抱えるお母さんに〈私たちがついているよ〉

リカは一年に一回、病院で検査を受けていました。その結果を報告に来たお母さんは涙ぐみながら、

「一年ぶりに病院で検査を受けてきたけれど、やっぱり自閉症の程度は、B（中級）だと言われて。去年と同じでショックでした……」

と涙ぐみました。お母さんとしては、一輪車をはじめとして、運動機能も優れているし、言語や社会性の面でも、このところ、目に見えてリカの変化が見えてきたので、期待してのぞんだ検査だったのです。にもかかわらず、以前と変わらない診断結果にひどく落胆していました。

リカが二年生に進級するときにも、担任の先生や特別支援学級の先生とも何度か懇談し、特別支援学級に入ることをすすめられていましたが、お母さんの普通学級への希望が強く、二年生も普通学級に進級しました。現実と期待の中でお母さんの葛藤が見え隠れしました。

また、お母さん自身、仕事場での人間関係に悩み、夫との子育て観の違いにも悩み、経済的な悩みも抱えていて、精神状態はかなり不安定な状況にありました。

「リカもミサも学童を好きなんだけど、学童をやめさせなければならないかもしれない……」

仕事から疲れきって暗い表情でお迎えに来るお母さんに、私たち指導員もお母さんの心配や不安を聴き取るよう心がけました。さらにリカのお母さんとつながりの深い他のお母さんに、リカのお母さんの力になってほしいことを伝え、役員のお母さんたちも、支えてもらえるように声をかけ、〈私たちがついているよ〉のメッセージを送り続けました。

❖エレクトーン事件

リカは、掃除が終わるときまってエレクトーンを弾き始めます。リカより先に誰かがエレクトーンを弾いていると〈これは私のもの！〉とばかりに、「いやー、やめてー」と叫び突き飛ばします。そのことを快く思っていなかった二、三年生の女子たち数人が、リカがエレクトーンを弾き出すことを見越して、先にコンセントを抜いていたのです。

弾こうとして音の出ないエレクトーンをたたきながらイラついているリカを、ナミが薄笑いすると、いきなりリカはナミに飛びかかり、突き飛ばし、ナミは机に頭をぶつけて泣き出しました。その場面に居合わせた二、三年生の女子四人（ナミの姉を含む）が、

「リカ、何すんだよー」

と突き飛ばし、リカも泣き叫びながら殴りかかり、取っ組み合いになりました。

「みんなで寄ってたかって、リカを攻撃することないでしょ！」

と割って入りました。

「じゃあ、リカは何をしてもいいって言うの！」

興奮冷めやらない子どもたちのそのときの様子と、指導員としての対応を、お迎え時に、子どもたちとお母さんたちに伝えました。リカは、このところの二、三年生の女子たちの冷ややかな態度を敏感に感じ取り、不快と警戒心が攻撃的な行動につながったんじゃないか、と思われたのです。

リカの興奮はおさまってはいましたが、お迎えに来て事実を知ったリカのお母さんは、リカの乱暴を叱り飛ばしました。リカは、理解できたのか、それとも怒られたからなのか、しょんぼりと、ナミに「ごめんなさい」を言いました。こういうとき、叱り飛ばすしかないリカのお母さんの切なさにも胸が痛みました。

❖率直な思いを出し合ったナミ母さんとリカ母さん

このことをきっかけに、リカのお母さんとナミのお母さんと指導員を交えて面談をしました。双方のお母さん同士は、ふだんからつながりが深かっただけに、それぞれが率直な思いを出し合いました。ナミ母が、

「リカ母さんは、リカに対して少し甘すぎるんじゃない？　学童の対応も、てっちゃん（非

常勤指導員）がいつもリカについていたけど、うちの子は、リカちゃんばっかりと、やきもち焼いていたし……。そういうことが、リカと周りに隔たりを持たせているのかもしれない」と切り出しました。学童の対応として、指導員加配をつけていたのは、道路に飛び出すなど安全面で不安があることと、痛みに鈍いので怪我などの変化にも気づかないままでいること、思いを伝えられないので攻撃的な行動に出ることがあること、周りとのつながりを大事にしたいので、抱え込むのではなく、段階的に距離をもちながら、見通しを持って関わっていることを伝えました。

リカ母さんも、ナミ母さんに気になっていることを伝えました。

「最近のナミが、リカに対して苛立ちをぶつけていることを感じていたけれど、ナミの抱えている思いも気になるから、お母さんもナミの気持ちを聴き取って対応したほうがいいと思うよ。今、ナミもお母さんのことを求めていると思うから」

「実は、私も、そのことに気づいてはいたんだけど、全く子育てに自信がなくて……」

ナミ母さんは涙ぐみました。思うにまかせない子育てについて、互いに踏み込んで話し込むことができたことで、子育てで手をつなぎ合うことの大切さを広げていきたいと、熱く語る二人の母親でした。自分の子どもだけでなく、わが子を取り巻く周りの子どもたちにも関心を寄せながら、子育ての喜びや、不安、しんどさも共有し、大人も共に育ち合う関係を持つ必要があることを改めて感じた出来事でした。

❖リカの存在が心を豊かにしてくれる

知らない人には、話しかけられても目も合わそうとしないリカが、お迎えのお母さんたちに声をかけられると、

「あっ、ハルピのお母さん！」

「あやちゃんのお母さん！」

一人ひとりに声をかけ飛びついていきました。外では目を合わそうとしないリカが、学童の中では警戒も解け、安心して身を投げだしていました。リカを抱きしめながら、

「私、リカちゃんの笑顔にほんと、救われるわー」

と仕事で疲れきった顔をほころばせながら声をかけるお母さんたちが増えていきました。仕事で気持ちが張りつめていたアーちゃんのお母さんに、リカがニコニコ笑いながら近づいて、

「空っぽ……」

と言ったそうです。

「その言葉に私の肩の力がスーッと抜けたんだよ。リカってすごいよねー」

目をウルウルさせて話してくれたアーちゃんのお母さん。無邪気に思いのままに振る舞うリ

力が、心を豊かにしてくれる存在であることを、保護者も含めて感じ取っていました。

この頃にはすっかり指導員の問いかけに答えたり、言葉は聞き取れないものの、要求や伝えたいことを言葉として訴えようとしてくることが多くなり、さらに、困ったときには指導員に飛びついてきて泣きすがるようになっていました。パニックになっても指導員の「大丈夫だよ」の言葉に大きくうなずき、落ち着きを取り戻すようになりました。

❖卒所式でのリカのお母さんの言葉

六年間を過ごしたリカが学童保育を卒所する時期が近づくと、一輪車で「こーの！」と抱きついてきたので、

「リカ、とうとう卒所だね」

と言うと、

「せつないです～」

と返ってきました。卒所式のときに、リカのお母さんが、

「先生たちは（リカの面倒を見ること）きっと大変だっただろうと思います。リカがこうして指導員の先生たちのお話をしっかりと聞けるようになったのも、先生たちのおかげです。私も泣いてばかりの母でしたが、支えていただいたから、こうして生活をしてこられました」

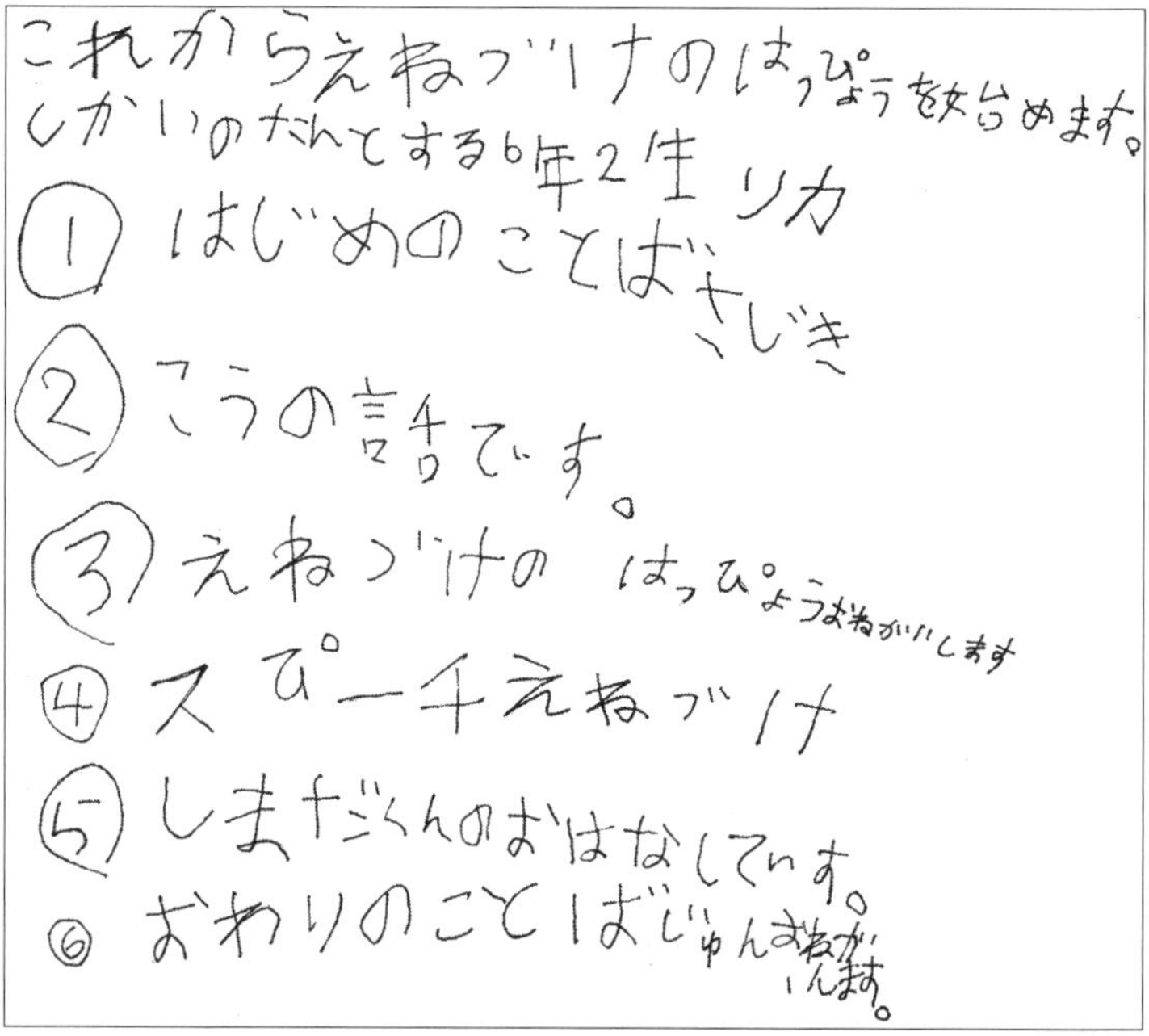

これからえねづけのはっぴょうを始めます。
しかいのたんとうする6年2生リカ
①はじめのことばさじき
②こうの言語です。
③えねづけのはっぴょうおねがいします
④スピーチえねづけ
⑤しまだくんのおはなしています。
⑥おわりのことばじゅんおねがいします。

ＮＨＫ番組「にほんごであそぼう」に出演されているおおたかしずるさんが学童に来てくれたとき、リカは「ＮＨＫ（えねづけ）の人が来る」と興奮気味。誰にすすめられるでもなく自ら司会をかって出て、原稿を準備していました。

と挨拶をしてくれました。確かに、リカのお母さんは、私の前でよく泣いていましたが、リカお母さんの悲しみの涙に、私は「何とかしなきゃ！」と背中を押されたし、喜びの涙も一緒に流しながら、私の心も満たされました。リカのお母さんの涙は、私のエネルギーに変わりました。リカが六年間、学童保育に喜んで通い続けてくれたことで、家庭を支えてこられたことを、リカのお母さんの言葉で実感しました。

事例②

〝最強なヤツ〟がやって来た

❖「くーちゃんは、どうしてちゃんと歩けないの？」

来年養護学校に入学する予定だというくーちゃん親子が「学童を見学させてほしい」と言ってやって来たのは、二〇〇四年の二月のことでした。

くーちゃんは、三万人に一人と言われている染色体の異常が原因の「アンジェルマン症候群」です。「障がいがあるので地域から離れた養護学校に行かせなくてはならないけれど、地域の子どもたちとつながりながら育てたい」というのがお母さんの願いでした。それはお母さんだけでなく、体を大きく揺らしながらニコニコと子どもたちの中へ入ってきたくーちゃんの願いでもあると、私は思いました。私から、

「くーちゃん、学童に入りませんか？」

と話すと、お母さんには思いもよらない言葉だったらしく、

「ええっ、学童に入れてもらえるんですか？　今まで保育園にも入れてもらえなかったし、

こんな重度の障がいを持っている娘をホントに学童に入れてもらえるんですか？」

それまでうつむき加減だったお母さんが、目をまん丸にして何度も確かめてきました。

「きっとこれからさまざまな問題も起きると思うのですが、問題が起きたときに一緒に考え合って、問題を解決していければいいと思うんですよ」

こうして、くーちゃん親子が学童の仲間入りをしました。よだれを垂らし、体を大きく揺らしながら歩くくーちゃんの姿を目に留めた数人の子どもたちが、「ゾンビ」とつぶやきました。子どもたちは最初の出会いのとき、相手が自分と違うことへの抵抗と警戒、戸惑いを表します。ときにはまわりの反応もお構いなしにストレートに感情を表す子どももいます。ともすると、存在を否定しているようにも思える言動の裏には、理解できないことへの問いかけや、自分との違いへの戸惑いがあります。

「ゾンビ」とつぶやいたヒロシと話していくと、

「くーちゃんは、どうしてちゃんと歩けないの？」

と問われました。

「くーちゃんは生まれたときから重い病気を持っていて、お医者さんには一生歩けないだろうって言われたんだって。でもね、お母さんもくーちゃんも一生懸命がんばって、ここまで歩けるようになったんだって。これまでくーちゃんもお母さんもホントに大変だったんだろうって、コーノは思うんだよ」

と話しました。ヒロシは、目を潤ませながら真剣に聞いていました。

その後、ヒロシは、他の子どもたちに、

「アイツ（くーちゃん）は、ホントは医者に歩けないって言われてもがんばって歩けるようになったんだぞ。アイツはホントは最強なヤツなんだぞ！」

胸を張って伝えていました。

❖「よだれがいやだー」と逃げ回ったケンくんの変化

ケンくんも、出会った最初の頃、「よだれがいやだー」と逃げ回っていました。ところがしばらく経ったある日、そばにいた子どもが、

「おい、肩にくーちゃんのよだれが垂れたぞー」

と騒いでも、ケンくんは、

「僕は全然平気だよ。だって、誰だって赤ちゃんのときはよだれを垂らしていたんだよ」

ニコニコしながらくーちゃんと戯れていました。突然の変わり様だったので、ケンくんのお母さんにこの話をすると、お母さんは言いました。

「ケンがくーちゃんのよだれを気にしているみたいだったし、違う生き物のような感覚でい

るみたいだったから、『あなただってそうだったのよ、育ち（の度合い）の違いがあるだけなのよ』と話したんです」

お母さんの言葉がケンくんに変化をもたらしたのです。ケンくんはくーちゃんを見つめながら、

「僕は大きくなったら強い人になりたいんだ。くーちゃんは風邪をひかない大人になってもらいたいなあー」

とつぶやきました。好奇心旺盛で、表情豊かなくーちゃんパワーに周りが救われることも多くあるのです。周りに攻撃されても「いやだ」と抵抗できずに自分の気持ちを抑え込んでいることが多く、気になっていたナオちゃんが、くーちゃんとの関わりの中で、

「くーちゃん、危ないから手を出したらダメでしょ！」

とお世話をしながら、くーちゃんを守ろうと必死で相手に立ち向かっていくように変わっていきました。くーちゃんは、言葉はしゃべれないのですが、

「くーちゃんがね、泥だんごが欲しいって言ったからあげたの」

「おんぶと抱っことどっちがいーい？　わかった、おんぶね……」

「くーちゃんは、お母さん役だけどいーい？」

子ども同士の中では言葉がなくても、しぐさや表情を読み取って気持ちは通い合っているようです。

同じ屋根の下で共に生活をし、泣き笑いの感情のやり取りをしながらゆっくり時間をかけながらつながっていくうちに、出会いのときに抱いた違いへの抵抗や警戒、戸惑いはいつのまにかほどけていき、他の子どもたちと同じように、ここにいて当たり前の関係になっていきます。一緒に生活をしていると、障がいのある無しもさほど問題にならなくなっていきます。

❖寄り添って生きるということ

くーちゃんが学童に入ってきて一週間目のくーちゃんママの連絡ノートの一部を紹介します。

《四月七日。母子してはじめて通う場所なのに、ずーっとここ（学童）に来ていたような不思議な場所。安心して「ゴロ寝していいよ！」なんて言ってもらえてし・あ・わ・せ！

ここ（学童）にいると、娘はただ一人の子どもとして、とても充実していて、子どもとしての居場所があります。それがあれば、大人だって、子どもだって、ハンディのあるなしはさほど問題ではないんじゃないかって。「明日は、くーちゃん来るの？」。そんな言葉に、今まで渇いていたところにすーっと水が浸透していくみたいに、心の中のねむっていた種が芽を出すような感じになります。

それにしてもなんだか……。今まで意識してなかったけど、けっこうムリをしていたのかなあ。ふつうに寄り添って生きるという感覚をずいぶん長い間わすれていたような。》

誰だって、生きていれば望まなくても困難さを抱えることがあります。心が折れるときもあります。泣きつける場所や相手がいることで行き詰った心に風穴が開いてちょっと楽になれたり、救われたり、一歩踏み出せることがあります。一人だけでがんばりすぎないで、たまには寄りかかってもいいいんじゃないかと思うのです。

また、学童に入所したばかりの頃、お迎えに来たくーちゃんのお母さんが、子どもたちに囲まれてニコニコ笑っているわが子の姿を見つめながら、

「わが子が社会（学童）に受け入れられたときに、はじめて、この子が今まで生きてきてよかったんだと思えました」（何度も死の淵に立たされながら生き抜いてきたのに、社会との接点を持てず、家の中に身を隠すように生活していたときに、そうは感じなかった）と話しました。

どんなに手のかかる子どもがいたとしても、その子どもも含めてはじめて「生活をつくりだす」ということなのです。違いを受け入れることや認め合う関係をつくっていくことは、そうたやすいことではないのですが、ひとり一人の持つ違いが排除の根拠にならないよう、互いがそれぞれの違いを認め合いながら、共に生きる喜びを感じられる生活をつくりたいものです。

原市場学童保育の子どもたちにとって、障がいのある仲間がいることは、もう特別でもなんでもない、そこにいて当たり前の存在になっていた（る）と思っています。

あとがき

現在、全国に学童保育指導員は約七万人います。条件のきびしさゆえ「将来の展望がない」などの理由から三年間で全国の約半数の指導員が入れ替わる実態があります。そんな中で、私が指導員として、こうして長年続けてこられたのは、学童保育の子どもたちや保護者、指導員、学童に関わる多くの人たちとの出会い、つながり、支えがあったからこそです。

その中でも特に、仕事上の壁に突き当たったり、悩んだり、迷ったときに同じ仕事をしている指導員仲間の支えは大きかったと思うのです。特に相棒の伊藤ちゃんとは、彼女の非常勤時代も含めると一五年間、一緒にこの学童保育を守ってきました。一日の中でいちばん長い時間を過ごし、喜びも悲しみも怒りも涙も笑いも共にしています。穏やかで大らかな伊藤ちゃんが常に隣りにいて支えてくれたからこそ、今の私があると思っています。

そして、指導員になりたての頃、埼玉県学童保育連絡協議会主催の研修会で出会った片山恵子さんや山本博美さん（当時、共に全国学童保育連絡協議会役員）などの目標となる先輩指導員には、学童保育の実践に学び、指導員としての仕事に向かう姿勢に、絶えず刺激と励ましを受け続けてきました。全国学童保育指導員学校の九州会場で出会った若い男性指導員が、「教育学部を出て教員になるつもりだったけれど、学生時代のバイトで学童に出会って指導員になりました。親は、指導員にするために教育学部に入れたんじゃないと言いました。今も生活は大変ですが、でも、おれは定年まで学童保育の指導員を続けますよ」

と笑顔で力強く答えました。

同僚だったサジキくんも教員を目指し、午前中は学校の介助員をし、午後は非常勤指導員として、私の学童保育で働きながら、自分のやりたい仕事は小学校教諭か、学童保育指導員か、と一年間悩み抜いた末に、結局、学童保育指導員の道を決断し、この四月、正規指導員としての道を歩み始めました。

原市場学童保育が開所したときの一六人の子どもの中にいたOBチヒロは、小学生の頃は私をさんざん悩ませましたが、高校のバイト以来、今にいたるまで一二年間、私の傍らで非常勤指導員として働きながら、「コーノが守ってくれた学童を、これからも私が守っていく」と言ってくれています。それも私にとって大きな支えです。

困難を前にし、不安を抱え、くじけそうになるたびに、私は、こうした指導員仲間たちとのつながりの中で、いつも前に踏み出す勇気をもらい、支えられてきました。

しかしこのように、学童保育指導員としての生きがいと、この仕事の価値を見出したいずれの指導員たちも、指導員としての条件が整備されない中、劣悪な労働条件で働き続けています。

それは、指導員の仕事が「子どもが怪我をしないように見ていればいい仕事」「子どもと遊べばいい仕事」としての認識しかなく、指導員の仕事内容（仕事の価値）がまだまだ社会的に理解されていないことが根底にあるからです。

学童保育指導員として、仕事の中身を内外に伝え、理解を広げていく努力をしていくことも、私たちに課せられた課題だと思っています。私は実践者ですが、現場の実践を書き綴ることは、私自身の人としての未熟さも人間性も生活感もひっくるめて、等身大の自分が映し出されるので気恥ずかしさもありますが、あえて体を張って指導員の仕事の中身を現場から社会に発信していくという覚悟で書くことにしました。

この一冊が、これまで私を支え続けてくださった方々への感謝の思いと共に、学童保育指導員として仕事を継続したいと思いながらも厳しい労働条件の中で、心揺れる指導員たちが今一度指導員の仕事を見つめなおすきっかけになり、さらに、後に続く若い指導員たちへのエールになればと祈る思いで綴りました。

なお、本書に収めた実践記録の一部は、以下の書籍・雑誌に発表したものを元に加筆・再構成したものであることをお断りしておきます。教育シリーズ『貧困と学力』（明石書店）、雑誌『教育』（09年5月号／国土社）、「保育問題研究」（08年8月号／新読書社）、『日本の学童ほいく』（03年10月号、06年8月号、09年6月号／全国学童保育連絡協議会）

最後に、このような機会を与えてくださった高文研代表の飯塚直さん、編集の金子さとみさんには、細やかなご指導と温かいお力添えをいただいたことを心から感謝し、厚くお礼申し上げます。

二〇〇九年五月

河野　伸枝

新版発行に寄せて――時代が変わっても

「わたしは学童保育指導員」の本を出版したのは二〇〇九年ですから、一六年前のことです。学童保育をめぐる状況は、この一六年の間に大きく変わりました。

私がこの本を出版した一六年前（二〇〇九年全国学童保育連絡協議会調査）は、全国の学童保育の箇所数は一八、四七五ヶ所で、学童保育を利用している入所児童が八〇一、三九〇人でした。それが、一六年たった今（二〇二四年全国学童保育連絡協議会調査）は、箇所数は二四、五三六ヶ所に増え、学童保育に入所している児童数も一、四六五、一二四人に増えています。

この一六年の間に、国の制度も大きく変わりました。二〇一五年、国は、「子ども・子育て支援新制度」をスタートしました。学童保育の「量的拡充・質の確保」のために厚生労働省令「放課後児童健全育成事業の設備及び運営に関する基準」を定め、「放課後児童クラブ運営指針」を策定しました。

国の示す子育て支援策は、次のようにあるべき、と私は理解しています。①子どもへの切れ目のない支援　②さまざまな養育基盤の弱い子どもたちに向けた保護者と子どもの絆の形成と紡ぎ直しをしていく専門職としての関わり　③保護者と子ども両者への多様な人との関わりを保障する。私たちの仕事は「子どもを怪我しないように見ていればいい仕事」とか「子どもと遊んでいればいい仕事」ではなく、「子どもの発達支援の視点」をもち子育て支援として固有な専門性を有する仕事と国の認識が変わったのは、たった一〇年前のことです。

こうした基準も指針もなかった頃から、指導員たちは、手探りで目の前の子どもたちや保護者たちとの関わりで迷い、悩み、失敗の経験もありつつ、気になる子どもの言動などの日々の記録に基づいた振り返りから子ども理解と保護者理解を深め合ってきました。

辛抱強く関わりながら、子どもたちが学童保育の生活や遊びを通して大人や仲間との信頼ある関係を築けた時に安心を実感し、変わっていく子どもの育ちに確信を得てきました。

働きながら子育てする保護者たちの思うようにならない子育てへの困り感や生活背景の困難さを抱えていることを知り、支えていく必要を感じていました。

常に子どもを真ん中に保護者や指導員仲間と語りあい、私たち指導員は実践を綴り続け、こうして内外に私たちの学童保育実践を発信し続けてきました。

保育の質を担保するために「省令基準」「運営指針」が定められた一方で、学童保育を求める需要に自治体の実態が追いついておらず、待機児童、大規模化、指導員の離職やなり手がなく人手不足などの人材確保が課題となる中で、学童保育は「子ども・子育て支援法」で市町村事業に位置付けられているにも関わらず、公営や公的な運営から民間企業委託など「民間活力の導入」として学童保育にも企業参入が急増しています。

運営主体が変更されても、せめて保育実践の質が担保され、子どもたちの「安心できる生活の場」の継続性が保障されることが必要です。

この間、虐待や貧困、不登校、子どもの自殺といった子どもをめぐる問題は、ますます深刻な状況にあります。

私の学童保育にも夏休み明け、学校に行けなくなった子どもがいました。二年生のシュンは週に一日は他学校の支援級に通級しています。本人の悪気はないものの興奮しやすいので相手への言動がいきすぎ相手を怒らしトラブルになることも多いのです。お母さんは、しばらく仕事を休んでシュンと家で過ごしたりもしましたが、仕事もそう長く休めないので、シュンを毎朝、学校に送り、何とか校舎の入り口にある保健室に置いて仕事に行くことにしました。シュンは、保健室の窓から真向かいにある学童保育をずっと眺めて過ごし、一〇時に指導員が出勤すると、保健室から学童保育にパタパタと走ってきます。

「コーノせん（私のこと）、今日は電気をつけるのが遅かったぞ！」と言うので、シュンが毎朝、学童保育の電気がつくのを待ち望んでいることが分かりました。学童保育では指導員が実務の仕事をしている時に、シュンは学校の課題をしたり、寝ころんでマンガ本を読んだりして過ごしていました。給食の時に保健室に送って行き、給食を食べるとまた学童保育に戻ってくる日もあれば、調子の良い時は午後の授業を受けてから学童に帰って来る日もありました。学校で過ごした日に、夕方お迎えに来た母親にシュンが
「母ちゃん、オレ、今日は学校で一回も先生に怒られなかったよ、友だちとも一回もケンカしなかったよ」と言いました。母親も「偉かったね」と頭をクシャっと撫でました。
シュンの言葉を聴いて、私はハッとしました。（シュンは、もしかして学校では間違いや失敗をしないように、問題をおこさないように過ごさなければならない緊張と不安を抱えているのでは？）と思ったのです。翌朝になると、やはりシュンは
「母ちゃん、オレ、昨日は学校でがんばったから、今日は行かなくてもいいでしょ」と学校を休みました。私からシュンに「シュンは学童でコーノせんにいつも怒られているよね、リョウやユウたちともよくケンカしているよね」と尋ねるとそんなことは当たり前とばかりに「そうだよ」と自慢げに言います。「でも、シュンは学校では間違いや失敗やケンカをしちゃいけないって思っているの？」と聞くと「そうだよ」とうつむきました。
「シュン、学校も学童と同じように間違いや失敗やケンカもたくさん経験しながら育つんだよ。学校でもシュンはシュンのままでいいよ」と私が言うと「えっ？　そうなの？」とシュン

は言いました。シュンが学校に行けない時も、学童保育では放課後、必ず野球の遊びに誘ってくれる同級生の仲間たちがいて、「オレもシュンと同じように低学年の時に学校に行けない時があったよ」とシュンの思いに寄り添ってくれる年上の仲間が支えてくれたこともあり、シュンはゆっくりと自ら学校に行くようになりました。シュンの母親も思うようにいかない子育てに悩みましたが「あの時はどうなるかと思いましたが、学童のおかげで乗りきることができました」と今は笑い話になっています。

シュンも含めて、学校生活や家庭生活の困り感を抱えている子どもたちが増えている中で、子どもたちの内面に寄り添い、子どもたちの抱え込む緊張や不安をほぐす関わりがいっそう求められていることを感じています。

一九九〇年に民設民営で開所した原市場かたくりクラブは、安定した運営を行い、保護者による会計の負担を軽減するため統一運営組織「飯能市学童クラブの会」を二〇〇四年に立ち上げました。二〇一九年四月より法人化し「一般社団法人飯能市学童クラブの会」となりました。

二〇二五年四月現在、「飯能市学童クラブの会」は飯能市内一〇クラブで運営しています。運営が変わっても時代が変わっても大切にしていることは、子どもたちのその場その時の心のゆれに寄りそい健やかな育ちを支えること、働きながら子育てする保護者の、子育てのパートナーとして支えはげますことは今も同じです。これからも大切にしていきたいと思っています。
ないないづくしの中で学童保育をつくり、長年にわたる学童保育実践と学童保育運動から、私たち指導員が確信をしてきたことが、国の運営指針にも放課後児童健全育成事業（学童保育）の役割は「子どもに適切な遊びや生活の場を与え、子どもの状況や発達段階を踏まえながら、その健全な育成を図る事業である」と「学校や地域の様々な社会資源との連携を図りながら、保護者と連携して育成支援を行うとともに、その家庭の子育てを支援する役割を担う」と書き込まれました。
運営指針は、二〇二五年一月に改訂され、「子どもの権利」や安全対策をより意識した内容になっています。

このように学童保育をめぐる状況が大きく変わっても、変わらず求められているのは、子どもたちの健やかな育ちを支え、働きながら子育てする保護者を支える学童保育の役割が学童保育生活に根づく実践が求められます。国の制度が変わる以前の一六年前に私が綴った学童保育実践を今一度手に取って読んで頂けたら幸いに思います。

二〇二五年三月

河野　伸枝

河野伸枝（こうの・のぶえ）

1959年、鹿児島県南さつま市坊津町に生まれる。幼稚園教諭を経て、1990年、埼玉県原市場学童保育指導員となる。

著書に『子どもも親もつなぐ学童保育クラブ通信』（高文研）、共著に『子どもの生活世界と子ども理解』（かもがわ出版）教育シリーズ『貧困と学力』（明石書店）『子どもの貧困白書』（明石書店）『はじめの一歩』（草土文化）『日本の学童ほいく』（全国学童保育連絡協議会）他。

川柳、ふらり旅、学童仲間たちとの宴会も楽しみのひとつ。

新版　わたしは学童保育指導員

●二〇二五年四月二〇日――――第一刷発行

著　者／**河野　伸枝**

発行所／**株式会社　高文研**
東京都千代田区神田猿楽町二―一―八
三恵ビル（〒一〇一―〇〇六四）
電話03―3295―3415
https://www.koubunken.co.jp

印刷・製本／中央精版印刷株式会社

★万一、乱丁・落丁があったときは、送料当方負担でお取りかえいたします。

ISBN978-4-87498-910-4　C0037